Dr. Carlos A. Goldenberg

Nutrição
Para a
Saúde Prostática
e Qualidade de Vida Sexual

1
Brasil

© Copyright 2010
Ícone Editora Ltda.

Projeto Gráfico da Capa e Diagramação
Richard Veiga

Revisão
Isaías Zilli
Rosa Maria Cury Cardoso

Dados Internacionais de Catalogação na Publicação (CIP)
(Câmara Brasileira do Livro, SP, Brasil)

Goldenberg, Carlos A.
   Nutrição para a saúde prostática e qualidade de vida sexual / Carlos A. Goldenberg. -- São Paulo : Ícone, 2010.

   Bibliografia.
   ISBN 978-85-274-1065-6

   1. Disfunção sexual masculina 2. Hábitos alimentares 3. Medicina preventiva 4. Nutrição 5. Próstata 6. Próstata - Doenças 7. Próstata - Doenças - Prevenção 8. Radicais livres (Química) 9. Terapia ortomolecular I. Título.

09-09539   CDD-616.65
                                                                        NLM-WJ 750

Índices para catálogo sistemático:

1. Próstata : Doenças : Prevenção : Nutrição para a saúde prostática e qualidade de vida sexual : Aplicação da medicina ortomolecular 616.65

Proibida a reprodução total ou parcial desta obra, de qualquer forma ou meio eletrônico, mecânico, inclusive através de processos xerográficos, sem permissão expressa do editor (Lei nº 9.610/98).

Todos os direitos reservados pela
ÍCONE EDITORA LTDA.
Rua Anhanguera, 56 – Barra Funda
CEP 01135-000 – São Paulo – SP
Tel./Fax.: (11) 3392-7771
www.iconeeditora.com.br
e-mail: iconevendas@iconeeditora.com.br

Prólogo

A capacidade de envelhecer do homem tem aumentado consideravelmente ao entrar no século 21, já se consegue viver mas de 70 anos, e sem duvida se aguarda que para o ano 2020 teremos entre 10 a 15 milhões de idosos, e para enfrentar este grande desafio temos que ter as condições mínimas necessárias para dar bom nível de vida aos anos que tocara a viver.

O homem tem na sua segunda etapa do envelhecimento que vai dos 45 a 65 anos de idade a fase mas perigosa, onde as doenças degenerativas crônicas, são mas freqüentes, deixando seqüelas, ou levando ao óbito, quando entra na terceira fase do envelhecimento, ou envelhecimento propriamente dito em que as doenças são mas lentas, crônica, invalidantes, razão pela qual temos que estar preparados para enfrentar este desafio hoje, amanhã e sempre.

No homem, o envelhecimento sexual associado a patologias da próstata e comum a partir da quinta década da vida, mas raro antes, e vai se acentuando a medida que os anos vão passando, ao ponto que o câncer de próstata e hoje um dos mas comuns no sexo masculino, porém enfrentamos ele na atualidade com meios mas poderosos para diminuir a sua mortalidade. Fatos menos graves mas que interferem na qualidade de vida como o crescimento prostático também tem que ser controlados de uma maneira adequada, e hoje alem dos medicamentos temos nutrientes baseados em fatos científicos que conseguem ajudar a controlar estes processos que comprometem ao homem integralmente.

Sem duvida o livro escrito por Carlos Goldenberg, urologista de formação, mas um experiente praticante da Ortomolecular, vem a completar seu anseio como profissional, e do publico como interessado, para orientar com as informações aqui descritas, e poder discutir abertamente os benefícios dos procedimentos terapêuticos aqui sugeridos.

Carlos demonstra sua longa experiência ao colocar em palavras simples com fundamentos científicos, os princípios básicos da urologia no homem e a sua importância, discute os aspectos hormonais, um fato tão atual hoje em dia, e analisa criteriosamente as possibilidades terapêuticas.

Congratulo a Carlos, meu colega e amigo de longa data, por ter atingido a traves deste meticuloso trabalho a expectativa de vários anos de pesquisa que viram a dar luz e claridade ao raciocínio do homem nos cuidados inerentes a sua sexualidade.

Dr. Efrain Olszewer

Professor e diretor dos cursos de
pós-graduação da FAPES
(Fundação de apoio a pesquisa na área de saúde)

Agradecimento

Quero agradecer ao meu professor-mentor, mestre e, sobretudo amigo, o **Dr. Efrain Olszewer**, que me abriu as portas e me deu todas as orientações para os conhecimentos da Medicina Ortomolecular.

A medicina ortomolecular previne doenças e dá ao organismo as ferramentas necessárias para defender-se de inúmeras patologias.

Graças a esses ensinamentos, enxergamos a saúde como objetivo definitivo. A medicina ortomolecular visa resolver as causas e não somente acalmar os sintomas. Sendo assim, não vê o tratamento como se fosse um estado passageiro entre doenças incompletamente curadas. Essa postura deixa as doenças em estado latente, e dessa maneira, sempre prontas a derrubar-nos pela falta de equação entre todas as causas dos distúrbios que as originaram.

Enfim, meu muito obrigado e meus votos para que continue sempre com lucidez e amplitude brilhantes em seus profundos ensinamentos.

O autor
http://drcarlosgoldenberg.blogspot.com
email: drcarlos@wdi.com.br

ÍNDICE

O que é um radical livre, 9

Prefácio, 11

A Próstata, 17

Cap. 1. Alimentação, 23
Cap. 2. Quimioprevenção e tratamento holístico, 31
Cap. 3. Barreiras naturais, 39
Cap. 4. Ácidos graxos essenciais, 45
Cap. 5. Nutrição, 51
Cap. 6. Chá Verde, 57
Cap. 7. Vitamina D, 65
Cap. 8. Vitamina D e Aines, 71
Cap. 9. Curcumin, 75
Cap. 10. Testosterona, 81
Cap. 11. Laticínios, 85
Cap. 12. Insulina, 95
Cap. 13. Tomate e brócolis: combinação antitumoral, 99
Cap. 14. Licopeno, 101
Cap. 15. Romã detém a progressão de células de câncer, 109
Cap. 16. Soja, 111

Cap. 17. Consumo de soja e a calvície padrão do homem - Equol, 117
Cap. 18. Reduzindo o risco, 121
Cap. 19. Resveratrol e outros protetores, 127
Cap. 20. Selênio - estudos da Escola Médica de Harvard, 135
Cap. 21. Terapias em geral, 141
Cap. 22. O alho repele o câncer de próstata, 145
Cap. 23. Apigenina, 147
Cap. 24. Beta-sitosterol, 149
Cap. 25. Boro, 153
Cap. 26. Cuidado com o churrasco! – luteolina, 155
Cap. 27. Legumes crucíferos e câncer, 159
Cap. 28. Lupeol, 163
Cap. 29. Silimarina, 165
Cap. 30. Nível de colesterol e câncer, 169
Cap. 31. A Universidade de Medicina e Saúde John Hopkins Alerta: Dieta Pode Reduzir o Risco de Câncer de Próstata?, 173
Cap. 32. Generalidades sobre protetores e deletéreos, 175
Cap. 33. Vitamina E e o crescimento de tumores da próstata humana, 181
Cap. 34. Boswellia, 185
Cap. 35. Cálcio e frutose, 189
Cap. 36. Red Clover, 191
Cap. 37. A etiopatogenia do câncer de próstata, 193
Cap. 38. Conclusões finais do autor, 197

Referências bibliográficas, 205

17 de Novembro: Dia Mundial de Combate ao Câncer de Próstata

O que é um Radical livre?

Os radicais livres são produtos das reações de **óxido-redução** do corpo. São compostos altamente reativos que captam **elétrons** de outras moléculas para estabilizarem-se. Assim, um novo radical livre é criado a partir da molécula da qual o elétron foi roubado. O novo radical livre pratica o roubo de outra molécula próxima e o ciclo de reação em cadeia das células começa, gerando alterações que danificam o âmago das células, portanto, o DNA.

É importante salientar que a **oxidação** é uma parte normal do metabolismo, assim como os **radicais livres**. A oxidação é o que nos permite gerar e usar a energia de nossos alimentos. Quando os radicais livres são produzidos em excesso estão danificando o corpo. É aí que o corpo passa a criar um sistema antioxidante sofisticado a fim de manter os radicais livres sob controle.

O processo pelo qual a molécula **perde** o elétron chama-se **oxidação**, e quando **ganha** chama-se **redução**, porém, quando a exposição do corpo aos fatores oxidantes é prolongada, há produção excessiva de radicais livres que excedem a habilidade do corpo de neutralizá-los – chamado **estresse oxidativo**. Assim, o corpo é colocado em uma posição crescentemente vulnerável devido à destruição acelerada das células.

Considera-se que o câncer em geral é um desequilíbrio entre os radicais livres e as defesas do corpo e quem ganha, impõe suas condições, como na guerra.

Se as defesas superam o inimigo, têm paz e equilíbrio, mas se os inimigos vencem, começa a luta pela sobrevivência do corpo contra a dominação alienígena.

Antioxidantes são as substâncias que neutralizam os radicais livres.

Prefácio

A ideia de fazer esta coletânea surgiu pela necessidade de difundir os tratamentos alternativos já conhecidos, bem como os princípios e os meios de prevenção tanto para a próstata, como para a disfunção sexual, motivo de muita preocupação, dada a difusão. Os princípios para isso estão baseados tanto na alimentação como em nutrientes necessários, assim como em tratamentos com antioxidantes, prática extensiva para profilaxia de outras doenças.

A Medicina ortodoxa ensina-nos os esquemas que se devem seguir em caso de doenças. A **Prática Ortomolecular** abre-nos horizontes e mostra os funcionamentos de quase todos os processos bioquímicos que regem a nossa fisiologia, ensinando ainda tratamentos baseados em **vitaminas, oligoelementos, minerais, aminoácidos, fitonutrientes, bioflavonoides, antioxidantes,** etc.

Considero que **PREVENÇÃO** do câncer só pode ocorrer dentro do esquema que apresentaremos aqui, pois o fato de fazer exames de controle somente serve de pesquisa para **DETECTAR** o possível tumor, mas não para preveni-lo.

Portanto, seria oportuno que as campanhas de exames para algumas doenças como câncer, seja de mama, de próstata ou

de qualquer outro órgão, fossem denominadas corretamente: CAMPANHA DE DETECÇÃO DE TAL DOENÇA E NÃO DE PREVENÇÃO, já que, para tanto, faz-se necessário algo mais abrangente.

Tomemos como exemplo o momento em que a mulher sente um nódulo na mama, se for câncer, já está na mama, ou seja, foi detectado, não prevenido!

Prevenção é evitar que apareça e não descobrir que apareceu!

O objetivo deste livro é mostrar que no mundo científico as realidades são diversas, pois dependem do intuito com que são expostas.

Com relação ao tema central do câncer de próstata, com certeza os tratamentos em uso como a cirurgia, a radioterapia, a braquiterapia, a hormonoterapia, a quimioterapia e o deixar evoluir atentamente com conduta expectante, são eficazes. Não podemos deixar de considerar que dependem dos casos e do estágio em que se encontram.

MAS... existem, dentro de outras correntes científicas, tratamentos e acompanhamentos da doença com outros elementos que ajudam muito e que não são muito difundidos e adotados.

Apresento-lhes uma revisão e recopilação de vasta literatura bibliográfica em que foram apresentadas várias análises científicas, trabalhos, estudos, experiências, entrevistas e opiniões tão importantes para a humanidade a fim de que possamos lidar de forma mais incisiva com essa implacável doença que atinge uma porcentagem considerável dos homens do mundo inteiro.

O problema é enfocado do ponto de vista nutricional, seja alimentar ou com suplementos de minerais, vitaminas e nutrientes vegetais (os fitonutrientes), já que atualmente existe uma corrente científica que dá vital importância aos alimentos e suas funções plásticas, construtivas, defensivas e anticancerígenas.

Ao que tudo indica, a exigência das pessoas em relação à alimentação faz-se cada vez mais requintada, originando o surgimento acelerado dos chefes de cozinha, carreira em voga, que tentam satisfazer o sentido estético e, às vezes, gustativo do público que não repara nos custos dos pratos exóticos (por exemplo, o bife kobe!).

Raramente os pratos mais gostosos são os mais sadios, uma vez que usam indiscriminadamente frituras em abundância, gorduras saturadas, e não têm o controle dos compostos nocivos, geradores dos perigosos Radicais Livres (RL).

Como o homem tem a possibilidade de poder escolher a sua alimentação e a forma de prepará-la e condimentá-la, é também o único que sofre distúrbios alimentares como a úlcera de estômago, gastrite, e alterações intestinais e cânceres diversos, derivados geralmente de erros na dieta que podem levar à intoxicação, ou doenças graves e até à morte.

Ao mesmo tempo surgiram culturas de alimentação barata e rápida com qualidade para lá de duvidosa, provocando danos às vezes irreparáveis.

As causas concretas que originam o câncer ainda não estão totalmente claras para a medicina.

O que se sabe é que existem algumas condições favorecedoras ao desenvolvimento deste mal, por exemplo, cigarro causa Ca de pulmão, o sol causa Ca da pele, a carne causa Ca da próstata e intestino, o álcool causa Ca do fígado, estresse ou choque emocional pode causar tumor em qualquer parte do corpo e etc.

Pode ser que muitos dos conceitos e palavras aqui presentes não sejam integralmente entendidos, mas o importante da presente exposição é criar uma consciência de que não se pode deixar que as doenças apareçam por descaso de nossos costumes ou dietas!

Os cuidados diários para com a saúde devem ser transcendentes. Devemos pensar nisso como pensamos e cuidamos de nossas contas a pagar diariamente, já que em qualquer momento aparece um problema ou um *hacker* querendo roubar o que é nosso, tais como senhas, dados bancários, etc. Por isso, assim como não se deve descuidar das posses, muito menos se deve descuidar da **SAÚDE.**

Não dá para conceber homens que não cuidam de seu corpo, que representa a sua casa. Isso significa dizer que não cuidam da saúde, a ponto de engordar dúzias de quilos sem perceber que estão atentando contra o seu bem mais prezado: a própria vida. Isso pode ser resultado do quê? Inconsciência? Desleixo? Autoagressão? Baixa autoestima? Estresse? Seja o que for, é caso de estudo e de tratamento.

Ter respeito pelas funções dos órgãos de nosso corpo a fim de não sobrecarregá-lo ou sobrepassar as capacidades de suas funções, como os excessos com álcool, tóxicos como o cigarro, gorduras alimentares, atividade física extenuante repetitivamente, doces e carboidratos, etc.

O critério de cada um fará de seu corpo um espelho do trato a que foi submetido.

Somos o que comemos em primeiro lugar e teremos a saúde de acordo com o combustível com que abastecemos nossa máquina corpórea vital.

Tenho procurado selecionar o mais atualizado e confiável na literatura mundial permitindo que a referência bibliográfica fique disponível ao leitor. As terapêuticas que aparecem nesta obra podem ser consideradas controversas, porém como tudo em medicina, e em se tratando de uma ciência biológica, a verdade muitas vezes nasce da controvérsia. Assim é importante dar destaque e discutir estes tópicos a fim de alertar e criar interesse em contínua pesquisa.

Alguns profissionais, talvez por falta de experiência ou conhecimento destes tratamentos, não as interpretam, consequentemente não as aplicam, e às vezes, lamentavelmente, rejeitam-nas.

Os assuntos abordados nesta obra são mais uma importante opção para acompanhar, e talvez controlar, essa doença, que sendo evolutiva e agressiva, não deixa muitas opções ao portador; portanto, os pacientes e suas famílias devem dedicar-se a conseguir a melhor orientação com os médicos de sua confiança, aumentando assim as esperanças para uma doença que pode vir a ser implacável.

Ao longo da obra conceitos e conclusões poderão soar repetidas, isso significa que são vários os autores que emitem tais ideias e relatam experiências; talvez para demonstrar que a nutrição é tão básica no que se refere ao câncer em geral e em especial ao de próstata.

A saúde é um patrimônio vital, e o tema deste trabalho está muito mais difundido no mundo do que parece, porém por algumas razões e interesses distintos, são ignorados e sua divulgação acaba sendo dificultada.

Gostaria, acima de tudo, que estes conhecimentos, ajudassem a encarar o câncer da próstata com mais uma possibilidade de tratamento sem dor e sem riscos, e com um importante diferencial:

MELHORAR A QUALIDADE DE VIDA, DAR MAIS ESPERANÇA AOS QUE O PADECEM, E EVITAR SOFRIMENTOS; COM A PROMESSA DE UM FUTURO MAIS ALENTADOR.

A Próstata

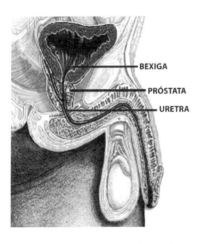
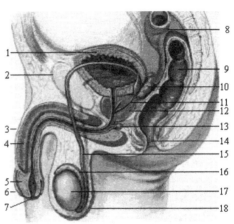

Próstata Normal

1. Bexiga
2. Púbis
3. Pênis
4. Corpo cavernoso
5. Glande
6. Prepúcio
7. Meato uretral
8. Cólon sigmoide
9. Reto
10. Vesícula seminal
11. Conduto ejaculador vesicular
12. Próstata
13. Glândula de Cowper
14. Ânus
15. Conduto deferente
16. Epidídimo
17. Testículo
18. Bolsa (escroto)

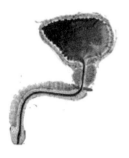 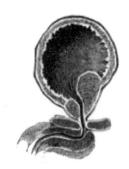

Próstata Hipertrofiada

A próstata é uma glândula do sistema reprodutivo masculino. Produz o fluido que transporta o esperma durante a ejaculação. Depois do câncer de pele, o da próstata é a forma mais comum de câncer diagnosticada em homens, é o 2º em importância, sendo o 1º o de pulmão.

Ela começa a crescer a partir dos 25 anos e aumenta de tamanho e peso ao redor de 0.5 a 1 grama por ano, sendo seu peso normal até os 35 anos ao redor de 20 gramas, podendo chegar até os 80/100 gramas ou mais.

A partir dos 40 anos é que os exames devem começar a ser feitos, sobretudo naqueles que têm uma herança tumoral na família.

Sobre o câncer de próstata

As vantagens das orientações apresentadas neste livro são que sua aplicação, com a experiência do uso mundial, não apresentam contraindicações nem efeitos colaterais, ao contrário de algumas drogas convencionais de uso habitual, que têm restrições às vezes severas, limitando o uso.

Tratamentos do Câncer de Próstata

Os tratamentos atuais são:

Conduta expectante, ou seja, acompanhar de perto, alerta às mudanças, aos sintomas, aos exames, e esperar que o tumor se manifeste, seja agressivo ou moderado. É importante estar sempre vigilante.
Braquiterapia: é a colocação de sementes de rádio na próstata, somente para casos iniciais ou restritos à glândula, que não tenham ultrapassado a cápsula.
Cirurgia radical, a prostatectomia total: consiste na erradicação da próstata de forma completa, a glândula com a cápsula e as vesículas seminais.
Radioterapia externa conformacional.
Hormonioterapia, controle do tumor com hormônios.
Quimioterapia.

Qualquer tratamento depende de vários fatores para ser eleito o mais adequado a cada caso, e cada médico tem a sua preferência além de dominar melhor uma ou outra técnica de tratamento. Sendo assim, fica difícil determinar o tratamento ideal; paciente e médico devem conhecer todas as possibilidades de cada caso.

No que tange à alimentação, as possibilidades de ajuda são infinitas.

Para determinar uma orientação duradoura, deve-se ampliar o leque de alimentos a serem consumidos e cortar os considerados perigosos para a saúde. Para poder agir positivamente na modulação da atividade celular prostática é necessário ter uma orientação de profissionais com amplo conhecimento da bioquímica nutricional.

Deve-se levar em conta sempre que o bem-estar é parte inerente da saúde e da felicidade, e o corpo, por ser um bem finito, deve ser cuidado como patrimônio de valor inestimável, pois sem ele a vida nada vale.

Em grau de prioridades na vida a saúde é a nº 1, sem ela, o que pode ter mais importância e valor?

Para viver sadio é preciso abdicar de alguns prazeres gastronômicos.

A natureza fornece todos os alimentos de que os viventes precisam, só que em algumas circunstâncias não são suficientes para as necessidades de nutrientes do organismo, ou por alterações no trato gastrintestinal ou por falta de elementos no solo de algumas regiões.

É por isso que certos suplementos são fundamentais para manter o equilíbrio orgânico e o bom funcionamento.

Portanto vitaminas, minerais, aminoácidos, ácidos graxos, enzimas, hormônios, etc., são imprescindíveis para que um vivente mantenha a boa saúde com nutrientes adequados para o bom funcionamento.

A atividade diária do ser humano produz um estresse que é extensivo às células, e elas, com a ajuda dos radicais livres sofrem um desgaste profundo podendo causar danos no DNA celular, câncer, infarto, derrame, diabetes, doenças neurológicas, diminuição da imunidade com infecções concomitantes, etc.
.
Para entendermos a necessidade de um equilíbrio orgânico, basta entender que o oxigênio é imprescindível, mas oxigênio (ou o ar que respiramos) em excesso, também é prejudicial. Assim como tudo que está ao ar livre oxida-se, deteriora-se e passa de *nutriente* a *tóxico*.

Veja o exemplo da maçã que se oxida em contato com o ar e muda de cor, de branca para ferrugem, mas basta pingar umas gotas de limão na sua superfície para voltar à cor branca original. MÁGICA? Não. O antioxidante do limão, que é a Vitamina C, acabou com os radicais livres que haviam oxidado a superfície, restabelecendo o equilíbrio. Simples, assim. Com o abacaxi ou qualquer fruta é a mesma coisa, deixado na geladeira sem cobrir, fermenta logo, mas em recipiente fechado hermeticamente, ou isolado com celofane por exemplo, dura muito mais tempo se mantido em perfeitas condições.

No corpo acontece algo parecido, pois nas reações entre as glândulas, uma precisa da outra para agir. A interferência de certos elementos *buffers* – mediadores químicos – como as enzimas, por exemplo, pode ajudar. Podemos citar o auxílio de **selênio** para a tireoide, de **magnésio** para o músculo, de **zinco** para a próstata e inúmeras reações químicas, como **vitamina B1** para os nervos, **B2** para o cérebro, **B6** como mediadora de centenas de processos para o correto funcionamento dos órgãos, etc.

É por isso que hoje os **antioxidantes** são a coqueluche da medicina em geral; fala-se muito em antioxidantes nos dias de hoje, e foi a ortomolecular que criou o conceito, agora adotado pela medicina geral e sobretudo pela medicina estética, para melhorar a pele, diminuir as rugas, diminuir os sulcos e tentar rejuvenescer as pessoas.

A base da boa saúde reside na boa alimentação, fato que tem sido demonstrado incisivamente há mais de um século pelos discípulos do ganhador do prêmio Nobel de Fisiologia em 1908, Dr. **Eli Metchnikoff**, também conhecido como Dr. **Ilya Ilyich Metchnikoff**, russo (ucraniano), que naquele ano apresentou ao mundo o tema **Fagocitose**.

Sua teoria demonstrava que para manter boa saúde era preciso manter o intestino sadio. Foi o primeiro a falar em bacilos intestinais e a criar os lactobacilos para manter a integridade da estrutura do endotélio intestinal para filtrar a absorção de elementos nocivos ou alergênicos para o organismo, contribuindo para uma boa digestão, absorção de nutrientes e o bom metabolismo dos alimentos.

É sabido que o intestino não é um órgão de depósito, mas de passagem. Nele, os alimentos em processo da digestão liberam os elementos nutritivos que o intestino absorve.

Por isso a constipação intestinal é o ponto de partida para inúmeras doenças. Diria que a maioria das doenças partem de um intestino que apresenta disbiose (alteração da flora e da integridade da mucosa).

Enfim, para manter uma boa saúde geral é necessário que o principal órgão do corpo esteja bem protegido pelo equilíbrio das bactérias intestinais, estabelecendo uma microflora que determina a imunidade para as doenças infecciosas.

O livro: *Immunity in Infectious Diseases* (A imunidade nas doenças infecciosas) apresenta todos os problemas digestivos. Metchnikoff, junto com Pasteur, com quem trabalhou nos últimos 20 anos da sua vida, estabeleceu as bases da Imunologia Celular, talvez a teoria mais sólida da medicina de todos os tempos. Foi ele que deu início à moderna imunologia, o que permite transplantes, as vacinas, tratamentos oncológicos, antibióticos e a esperança de sucesso contra o câncer.

Como não é possível predizer o que pode acontecer com a nossa saúde sendo o câncer uma das contingências de saúde mais graves, deve-se prevenir usando o poder da alimentação, preocupando-se com o que ingerimos para que o alimento-combustível não se transforme em alimento-tóxico.

Alimentação controlada em quantidade e qualidade, suplementos vitamínicos, atividade física regular, equilíbrio emocional, hábitos saudáveis como não fumar, álcool discreto, médico de confiança e exames periódicos são as dicas para qualquer pessoa, homem ou mulher que desejar usufruir de uma ótima saúde!

**Ilya Ilyich Metchnikoff
(1845-1916)**

Capítulo 1

Alimentação

A alimentação dos elementos vivos da natureza, assim como o combustível de qualquer motor, gera a energia que os faz funcionar. Cada motor funcionará de acordo com cada tipo de combustível que receber, os vegetais, por exemplo, dependem dos nutrientes do solo para que seus frutos adquiram qualidade.

Os seres humanos podem escolher à vontade sua alimentação, a forma de preparo, as combinações, a quantidade, a frequência, a temperatura etc., e os benefícios ou malefícios que a alimentação trará à saúde serão consequências de seus hábitos.

Quem se alimenta mal não pode pretender reparar os erros dos hábitos alimentares com comprimidos, cápsulas ou poções mágicas; o segredo está na mudança desses hábitos.

O que deve ser ressaltado na alimentação é que o processo mastigatório obtém elementos naturais dos alimentos que nem sempre os suplementos fornecem. Seria impossível suprir os incontáveis fatores de que cada alimento está composto, sobretudo dos elementos *in natura*, frescos, prontos para serem assimilados e absorvidos pelo organismo e para cumprir essa função sem precisar passar por etapas, fator que provavelmente os suplementos têm que passar para começar a agir.

Em conclusão, nada substitui uma boa alimentação: equilibrada, fresca, variada e bem preparada.

É lógico que, ante as deficiências geralmente apresentadas pelos pacientes, temos que substituir a natureza e fornecer os suplementos necessários.

Um estudo do Instituto Nacional do Câncer mostrou que três ou mais porções de legumes crucíferos por semana diminuem o risco de câncer quase pela metade.

O estudo que envolveu mais de 600 homens com câncer foi desenvolvido em Seattle. Isto confirma os dados de um estudo canadense que aponta que os legumes crucíferos: tomates, verduras, feijão, lentilhas e nozes, entre outros, reduzem o risco substancialmente, pois são altamente protetores da próstata devido ao licopeno. Podemos ainda mencionar a melancia, o morango, e sobretudo a goiaba vermelha, que é a mais importante por ser a que tem a mais alta concentração dessa substância.

Os legumes crucíferos, também chamados BRASSICA, são: brócolis, repolho branco e roxo, couve-de-bruxelas, couve-flor, rabanete e couve. Tais legumes contêm substâncias anticancerígenas, como o Indol-3-Carbinol (I3C). O I3C muda o processo de metabolização do estrógeno e pode prevenir cânceres estrógeno-dependentes como o câncer de mama.

O estrógeno tem grande influência no câncer de mama. Isso não acontece tão diretamente no câncer de próstata. Alguns cânceres de próstata param de crescer quando o estrógeno consegue ser bloqueado, outros não. Em alguns estudos, o andrógeno (o hormônio masculino) parece ser o culpado, e não o estrógeno (feminino). Assim, a aplicação de estrógeno em cânceres andrógeno-dependentes inibem o crescimento do tumor.

Quando se trata da prevenção do câncer de próstata, os dados sugerem a importância em se manter o equilíbrio dos hormônios que é mais importante que o nível de qualquer um por separado, porém existem dúvidas quanto à eficácia do I3C em relação à prevenção ou retardamento do câncer de próstata.

A medicina ortomolecular afirma que I3C tem propriedades anticancerígenas muito eficazes nos casos de câncer de próstata. Um derivado dele, o DIM será visto no capítulo especial, assim como o Peitc e se apresentarão mais detalhes sobre suas ações eficazes.

Indol-3-Carbinol (I3C) e o câncer

Desde o descobrimento do I3C foi confirmada sua interferência no crescimento das células do câncer.

As células normais passam por postos de fiscalização para assegurar que tudo está certo antes de reproduzirem-se. As células de câncer anulam tais postos, e crescem a grande velocidade. O I3C restabelece os freios, forçando as células de câncer a parar no posto de fiscalização, assim o corpo tem a oportunidade de destruir as células anticonvencionais e deter o crescimento do câncer. Algumas drogas quimioterápicas como a **doxorubicina** trabalham do mesmo modo.

O I3C é ainda potencialmente importante para o restabelecimento da comunicação entre a testosterona, o estrógeno e a progesterona. Isto pode ser crítico porque tais hormônios têm um efeito direto no crescimento das células do câncer.

Os hormônios sexuais são essencialmente mensageiros e são os que dão às células o estímulo para que cresçam ou não. No caso da próstata, é rompida a capacidade das células normais de adquirirem a mensagem. Os hormônios do mensageiro enviam mensagens erradas.

O que causa o câncer?

Nenhuma causa concreta foi determinada para o câncer de próstata, mas o fator de risco mais importante está no consumo de produtos que contenham gordura animal. Um estudo envolvendo mais de 6.000 homens que habitualmente consumiram leite, queijo, ovos e carne mostrou que todos possuíam 3.6 vezes **mais risco de câncer fatal** do que os que não tinham os mesmos hábitos alimentares. Os mais recentes resultados do estudo afirmam que quanto mais alimentos com gordura animal o homem ingerir, maior será o risco de desenvolver um câncer avançado. Este estudo do Instituto Nacional do Câncer põe os afro-americanos em risco particular.

Estudos com gordura vegetal não mostram associação com câncer.

E estudos com aminas heterocíclicas (carcinógenos criados quando a carne está cozida) mostram forte associação.

Um estudo de Harvard indica que a carne vermelha é a maior culpada.

O Dr. Edward Giovanucci, da Universidade de Harvard, comprovou em diversos estudos que, dentre 51.329 homens, profissionais entre 40 e 75 anos, os que consumiam carne vermelha e laticínios tinham 2.64 vezes mais probabilidades de contrair câncer na próstata do que os que consumiam uma dieta vegetal.

A presença do **ácido araquidônico (AA)** é o que faz a grande diferença. As gorduras animais são estimulam o crescimento das células cancerosas, segundo o estudo do Dr. Charles Myers, da Virginia University. Ele fez uma experiência a partir de 1980 colocando células de câncer de próstata (CP) em água salgada e as células morreram, porém ao agregar ácido araquidônico elas reviveram e cresceram novamente.

Os óleos e a sua concentração em precursores de AA segundo tabela do Dr. Myers

Açafrão 74%
Milho 58%
Algodão 52%
Soja 51%
Amendoim 32%

O Dr. Myers, oncologista, referindo-se à dieta hiperproteica de Atkins para emagrecer, diz que enquanto a dieta seguir em alta, seu trabalho como oncologista irá de vento em popa pelo resto de sua vida. Bem objetivo e realista, ou seja, comer gorduras animais dará muitos casos de câncer para tratar!

Substâncias químicas ambientais tendem a acumular-se na gordura da carne. É uma coincidência que touros destinados ao abate, ao receberem o implante com estrógeno sintético, passam a apresentar câncer na próstata. Embora seja ilegal vender produtos animais que contenham hormônios e drogas ou substâncias químicas, isto acontece habitualmente em vários países.

Em um estudo dos Países Baixos só carne curada e leite foram associados ao câncer. Carne fresca, peixe, queijo e ovos não foram.

Em homens com mais de 65 anos, o câncer passa a ser diagnosticado em 75% dos casos. Este não é nenhum número mágico e é provável que muitos destes cânceres estivessem presentes vários anos antes do diagnóstico. Geralmente o câncer de próstata apresenta crescimento lento. A taxa de sobrevivência de cinco anos para câncer localizado é 100%, porém, depois de cinco anos, a taxa de sobrevivência cai para 52%.

O câncer de próstata pertence ao grupo em que existe uma ligação forte com a **dieta,** ou seja, comer um tipo de alimentos para adquirir a doença. Até mesmo a conservadora Sociedade Norte-Americana de Câncer, aconselha os homens a reduzir a ingesta de carne vermelha e a alimentarem-se com mais verduras, legumes e frutas.

A relação entre ingesta de vários alimentos e bebidas com risco de **câncer** foi avaliada em 271 casos de neoplasia confirmada e 685 controles de hospitais recrutados em duas áreas do norte da Itália, na província de Pordenone, que é a maior área de Milão.

Riscos aumentados foram achados para ingestas mais frequentes de carne e avaliou-se ainda o consumo de leite, fruta fresca e legumes. Depois de considerar o efeito confuso e recíproco de vários hábitos dietéticos, só a ingesta frequente de leite parecia ser um indicador independente e significativo de risco para o câncer prostático.

Neste estudo havia também suspeitas em relação à influência desfavorável da ingesta frequente de alguns itens da alimentação, como carne, fígado, presunto e salame, leite e manteiga.

Podemos afirmar que certos alimentos trazem um efeito adverso e que a ingesta alta de alimentos de origem animal, principalmente laticínios, representam um perigo. Já uma dieta rica em frutas frescas e legumes não precisa de restrição.

Novos estudos indicam que os legumes crucíferos devem ser ingeridos com muita frequência, mas para quem não gosta de brócolis, a ingestão do I3C em cápsulas pode prover a suficiente proteção para a próstata.

Hábitos e costumes

Existem estudos envolvendo pacientes com câncer de próstata incipiente, demonstrado por biópsia, que optaram por esperar a evolução sem tratamento. Entretanto, com a ajuda da dieta à base de vegetais, legumes, grãos, soja, vitaminas e minerais e exercícios, o tumor não evoluiu, pois a evolução das malignidades recuou nos seus estágios iniciais.

Exercícios físicos regulares com orientação de fisioterapeutas experientes farão a diferença. Algumas equipes promulgam yoga e meditação como coadjuvantes desta terapia. O PSA, antígeno prostático específico, o marcador para câncer de próstata, diminuiu, mostrando a melhora.

Adicionalmente, em uma análise *in vitro*, foi feita uma experiência interessante em que se colocou soro dos dois grupos em células de câncer de próstata LNCaP, especiais para desenvolvimento em laboratório, e o resultado foi que o crescimento foi inibido quase oito vezes mais por meio de soro do grupo experimental que do grupo de controle (70% inibição por soro do grupo experimental vs. 9% de inibição por soro de grupo de controle).

Quando um tumor na próstata começa a se desenvolver, ninguém sabe se é o que se chama hormônio andrógeno-dependente ou independente, ou seja, se ele vai ou não responder aos tratamentos habituais com hormônios de ação central ou periférica. As células da próstata, por alguma razão, são contaminadas pelo tumor e começam a proliferar incontroladamente. Isso ocorre provavelmente por falta de defesas frente aos fatores que as desequilibram, sejam estes produtos de alteração do DNA, estresse oxidativo ou até fatores desencadeados por choques emocionais, como a perda de entes queridos. Sendo assim, uma ajuda importante de compostos que a natureza oferece em forma de alimentos pode ser de vital importância para estabelecer as diferenças entre curável, tratável ou implacável.

Capítulo 2

Quimioprevenção e Tratamento Holístico

O câncer de próstata mata 31.000 homens nos EUA a cada ano. Mais de 220.000 homens por ano recebem o diagnóstico desta doença, o equivalente a um diagnóstico novo a cada 2.6 minutos. A chance de um homem de desenvolver este câncer na vida é uma entre seis, o que significa que a doença está presente em mais de 9 milhões de homens americanos.

Caso tal câncer seja diagnosticado e tratado precocemente garante quase 100% de sobrevivência.

O Dr. Aaron E. Katz, MD, professor e diretor do Centro Universitário de Urologia Holística do Hospital Presbiteriano de Nova Iorque /Columbia, tem a prática de uso e valor de terapias alopáticas para tumores de próstata. Ensina cirurgia, farmacologia e tratamentos de quimioterapêutica/radiação para médicos estudantes. Muitos pacientes com câncer de próstata podem beneficiar-se da cirurgia, e em casos de câncer muito avançado, pode ser usada a ablação dos hormônios com drogas, quimioterapia e radiação para prolongar a vida e aliviar a dor. Contudo, esse Centro não é igual aos outros centros médicos urológicos, já que aplicam os conhecimentos da

Medicina Alternativa para ajudar a curar os pacientes. Usam medicinas herbáceas e nutricionais cientificamente validadas para dar ao corpo do paciente os elementos necessários para resistir ao câncer. Muitas destas medicinas demonstraram a capacidade de reduzir a velocidade ou inverter o crescimento de células por vários mecanismos biológicos.

A equipe do Centro Holístico de Urologia está se aprofundando e pesquisando em várias destas terapêuticas naturais. São passos que devem ser dados para estabelecer a segurança e eficácia de agentes e substâncias quimiopreventivas herbáceas e nutricionais, ajudando a evitar o desenvolvimento ou progressão do câncer.

Natural ou holística, a aproximação pode ser particularmente benéfica em pacientes diagnosticados com câncer incipiente, com poucas possibilidades de alastramento. São os estágios da doença pré-cancerosa chamada neoplasia intraepitelial prostática, ou PIN.

A quimioprevenção de câncer de próstata ocorre quando há oxidação e inflamação. Podem-se usar ervas, suplementos nutricionais, e mudanças dietéticas para corrigir fatores que criam e apressam a doença. A quimioprevenção ajudará também a prevenir doenças do coração, osteoartrite, hipertrofia prostática benigna (BPH, ou amplificação não maligna da glândula prostática), e prostatite (inflamação da próstata), normalmente causadas por infecção bacteriana ou autoimunidade.

O estresse oxidativo tem uma ligação forte entre dieta e câncer.

A próstata pré-cancerosa (PIN)

A Neoplasia Prostática Intraepitelial não é câncer, mas é um estágio anterior à doença. Também chamada de displasia, um termo genérico para células anormais que provavelmente poderão virar cancerosas no futuro.

O da próstata começa com pequenas mudanças no tamanho e forma das células da glândula. Tais mudanças proliferam-se ao longo da próstata. O PIN não afeta a concentração no soro do antígeno prostático-específico (**PSA**); só é detectado na biópsia.

Homens que têm câncer na próstata têm áreas de PIN em mais que 85% de casos que podem aparecer até 10 anos antes de ser diagnosticável. Em uma série de 249 autópsias, aproximadamente três quartos das próstatas com alto grau (severo) de PIN abrigava adenocarcinoma invasivo, comparado a só um quarto sem PIN de alto grau.

Após diagnosticar um paciente com PIN de alto grau, a medicina alopática não possui oferta de tratamento.

Normalmente, a recomendação é espera em alerta. Este é o momento crucial para o uso de nutrientes e ervas visando diminuir a inflamação e as condições que criam o PIN, e a postura de manter-se em espera pode transformar em câncer em desenvolvimento.

Nutrientes anti-inflamatórios para enfrentar o PIN

As prostaglandinas e leucotrienos são os eicosanoides, ou substâncias químicas como hormônios criados no corpo das gorduras que comemos. São fabricados por uma cascata de reações bioquímicas que envolvem a ação de enzimas específicas, inclusive o COX (cyclooxygenase), enzimas que medeiam a produção de prostaglandinas e o LOX (lipoxygenase), enzimas que medeiam a produção de leucotrienos (elementos pró-inflamatórios que detonam processos agudos e crônicos.)

A enzima COX-2 é um ativo mediador da inflamação e tem um papel importante na criação das prostaglandinas que geram e apressam a inflamação. São projetadas pelos laboratórios drogas anti-inflamatórias para inibir esta única enzima, a COX-2, na esperança de reduzir as chamas da inflamação na fonte. Porém, estas drogas não afetam outras enzimas, que também possuem um papel na inflamação, inclusive as enzimas LOX que criam os leucotrienos (elementos pró-inflamatórios).

O COX e as enzimas LOX são fortemente afetados pela dieta. Quando se hiperconsomem alimentos ricos em gorduras com ômega-6 (carnes vermelhas, produtos lácteos, e óleos vegetais refinados, que incluem óleos hidrogenados rico em gorduras trans, farinhas refinadas, milho e doces), predispomos o corpo a uma hiper-reação para qualquer agressão passível de causar inflamação, porque empurramos a produção de eicosanoides para o lado da inflamação. Algumas pessoas são mais propensas que outras a este tipo de hiper-reação, provavelmente devido a diferenças genéticas.

A inflamação crônica põe o organismo em risco aumentado de desenvolver crescimentos cancerosos na área do corpo em que uma inflamação acontece. O PIN é provavelmente o primeiro sinal de que a inflamação está alterando as células da próstata.

Um estudo recente usou uma combinação herbácea consumida diariamente durante dezoito meses. A cada seis meses foram feitas biópsias, e esses tecidos foram analisados para marcadores moleculares de inflamação mostrando se o câncer estava progredindo. Também foi medido o PSA a cada visita de seguimento de seis meses.

Dos 26 pacientes, 13 tiveram uma diminuição do PSA, 6 tiveram uma diminuição maior que 10%, e 5 tiveram acima de 50%. Foram feitas 35 biópsias em 21 pacientes; em 31 das 35 biópsias, o câncer não tinha se desenvolvido, 21 delas foram normais, não mostrando nenhum PIN ou câncer. Quatro pacientes desenvolveram câncer, mas os tumores eram muito pequenos, com prognose boa para uma cura completa.

Algumas ervas conhecidas para ajudar a controlar a inflamação de próstata e carcinogênese incluem o *pygeum africanum*, a raiz de urtiga dioica, o *saw palmetto*, e a *boswellia serrata*. Cada uma tem sua própria base de apoio na pesquisa científica de agentes quimiopreventivos.

A medicina está incorporando terapias complementares e alternativas ao tratamento. Terapias nutricionais e herbáceas podem agir como agentes de quimioprevenção eficazes para reduzir a velocidade, o desenvolvimento e a progressão da doença, particularmente em doenças incipientes.

Agentes de quimioprevenção trabalham em parte inibindo a oxidação e a inflamação, fatores que não só contribuem com o câncer de próstata, mas também com condições como doença de coração e osteoartrite (doenças das articulações).

Os agentes herbáceos que podem ajudar a bloquear a progressão de PIN para câncer de próstata são o chá verde, o gengibre, o alecrim, o orégano, o *goldthread* chinês, e o *barberry*.

Outros agentes promissores em prevenir e administrar o câncer de próstata são o licopeno, a vitamina E, o selênio, a romã, a soja e seus componentes.

Licopeno e selênio

Uma relação de causa efeito foi encontrada entre o consumo de licopeno em alto e baixo risco de câncer de próstata. Pacientes diagnosticados com esta doença tendem a ter mais baixos níveis de licopeno no soro. O licopeno é parte útil de um programa de quimioprevenção; pode reduzir a velocidade do crescimento de tumores e abaixar os níveis do PSA no caso da próstata.

O licopeno é um carotenoide potente que foi pesquisado em estudos clínicos, apresentando resultados interessantes.

A vitamina E é protetora. Todo homem deveria tomar um mínimo de 200 UI de vitamina E ao dia juntamente com a vitamina C, para proteger-se do estresse oxidante. O selênio ajuda a vitamina E a fazer seu trabalho de reduzir o estresse oxidante. Um estudo apontou que os homens que ingerem mais selênio têm menos risco de desenvolver doenças da próstata e têm baixo risco para muitos outros cânceres. Recomendamos este nutriente como preventivo.

A suplementação de selênio apresentou 63% de redução de reincidência em 974 pacientes com câncer de próstata tratado.

Um amplo estudo durante 12 anos acompanhou 32.900 homens com o tratamento de vitamina E e selênio.

O estudo Select, que está em prática desde 2001 em diversos centros de pesquisa dos Estados Unidos e do Canadá, tem por finalidade comprovar a eficácia do tratamento de nutrientes para prevenir o câncer mais perigoso dos homens.

Estes tratamentos de quimioprevenção são os mais aceitos pelas pesquisas atuais, ou seja, vitamina E, vitamina C, selênio e licopeno devem ser introduzidos nos hábitos diários a partir dos 40 anos.

Benefícios de combinações da soja

Considera-se que o componente ativo da soja seja a genisteína. As isoflavonas estão também naturalmente em produtos de soja.

A genisteína é o fator bioativo que forma a isoflavona e onde encontramos a mais alta concentração de soja. As Isoflavonas podem ter atividade estrogênica e antiestrogênica, assim como efeitos antitumorais sem conexão com a atividade de estrógeno. Evidência de estudos epidemiológicos e pré-clínicos sugerem que as isoflavonas protejam contra cânceres hormônio-dependentes, como mama, cólon e próstata.

Estuda-se o papel das isoflavonas na terapia para cânceres de bexiga e próstata. Pesquisadores examinaram os efeitos das isoflavonas de soja (genisteína, genistina, daidzeína, daidzina e biocanina A) e dos fotoquímicos de soja concentrados no crescimento de células de próstata humana *in vitro* e *in vivo* em ratos (murine). A isoflavona de soja dose-dependente inibiu o crescimento de células de próstata *in vitro*.

Os ratos inoculados com células de carcinoma de próstata que receberam uma dieta enriquecida com genisteína ou produtos de soja, tiveram o tamanho do tumor, a angiogênese e a apoptose (autodestruição de células cancerosas) aumentados; além disso, a proliferação das células de câncer foi reduzida.

Capítulo 3

Barreiras Naturais

As escolhas dietéticas da maioria dos homens no Ocidente moderno bloqueiam as barreiras protetoras naturais do corpo. O resultado é que, inadvertidamente, tais dietas acabam fornecendo combustível biológico para que as células de câncer de próstata existentes possam crescer, propagar-se, ocasionando metástases.

O impacto da alimentação adequada consumida durante o crescimento e a morte das células é tão pronunciado, que pode ser idêntico aos efeitos exibidos por drogas anticancerígenas, porém componentes dietéticos não produzem nenhum efeito colateral e conferem benefícios adicionais a saúde.

Todos os cânceres começam quando os genes que regulam a proliferação celular tornam-se tão danificados que não podem controlar a divisão celular normal. Os cientistas estão ativamente comprometidos em pesquisas clínicas que usam selênio para ajudar a proteger os genes específicos que permitem as células a dividir-se normalmente.

Genes de célula de próstata são especialmente propensos a mutações prematuras no curso de vida humana. Isto foi demonstrado por resultados de autópsias de células de câncer de próstata em homens jovens cuja doença seria impossível supor.

Uma resposta relaciona uma enzima que as células de câncer da próstata usam para propagar, infiltrar e se metastasear, sobretudo na vizinhança anatômica, como primeiro estágio fora da glândula (uretra, bexiga, linfonodos).

Um grande volume de pesquisas publicadas indica que esta enzima funciona por caminhos patológicos múltiplos, facilitando o avanço do câncer. A notícia encorajadora é que esta enzima pode ser suprimida por modificação dietética e uso de suplementos dietéticos, muitos dos quais já estão sendo utilizados por homens cuidadosos e conscientes da sua saúde.

Ácidos graxos

Baseado em resultados epidemiológicos consistentes, advindos de pesquisas feitas em uma gama extensa de populações, em que os cientistas buscaram entender porque comendo certos tipos de gorduras (saturadas e ácidos graxos ômega-6) provoca-se um efeito de estimulação do câncer, foi demonstrado que dietas com alto teor de ômega-6 e gorduras saturadas estão associadas com maior risco de câncer; entretanto o aumento na ingesta de gorduras ômega-3, como o peixe, reduz o risco.

Para averiguar o que acontece com a ingestão de gorduras ruins, há que se pesquisar as vias de desarranjos metabólicos que tais gorduras seguem no corpo.

O ômega-6 converte-se em ácido araquidônico, contido na carne. Um modo que o corpo usa para desembaraçar-se dele quando está em excesso, baseia-se na produção de uma enzima perigosa chamada 5-lipoxygenase (5-LOX) para metabolizá-lo. Os novos estudos mostram conclusivamente que o 5-LOX que é um fator de sobrevivência potente que as células de câncer utilizam para escapar da destruição, além de estimular diretamente o câncer de próstata e a proliferação de células por vários mecanismos bem definidos.

Uma dieta rica em ácido araquidônico estimula a produção da 5-LOX, podendo vir a promover a progressão do câncer.

Uma razão pela qual os suplementos de óleos de peixes ficaram tão populares deve-se ao benefício dos ácidos graxos EPA/DHA que podem ajudar a reduzir a produção do ácido araquidônico.

Uma vez que se entende que a cascata 5-lipoxygenase (5-LOX) é letal, é fácil ver porque os que consomem alimentos excessivamente ricos em ácido araquidônico estão facilitando a disseminação do câncer e das doenças inflamatórias (inclusive aterosclerose).

Como as evidências mostram que ingerindo gorduras ruins aumenta-se o risco, os cientistas estão avaliando os efeitos da 5-LOX em vários fatores de crescimento envolvidos na progressão, angiogênese, e metástase de células de câncer, bem como a indicação para ingerir nutrientes que suprimam os efeitos deletéreos como o licopeno e o *saw palmetto*

Com o envelhecimento os processos inflamatórios crônicos podem causar a supergeração de 5-LOX em excesso, o que pode explicar o aumento do câncer observado depois dos 60 anos de idade.

Para inibir as enzimas COX-1 e COX-2 indica-se a ingestão de curcumin, aspirina em baixas doses, chá verde e vários flavonoides como o resveratrol.

O Ibuprofeno demonstrou efeitos anticancerígenos provavelmente devido a inibição de cycloxygenase-2 (COX-2), outra enzima que as células de câncer usam para facilitar o crescimento e sobreviver.

O uso diário de aspirina pode diminuir riscos na próstata?

Tomar aspirina pode reduzir o risco de ataque do coração e derrame. Um novo estudo indica que um tablete de aspirina (100mg) diário pode abaixar o risco de aumento da próstata.

Os pesquisadores estudaram 2.447 homens durante mais de 12 anos, examinando-os a cada dois anos. Depois de adequar-se quanto à idade, diabete, hipertensão e outros fatores, consideraram relevante o fato de que os que tomaram uma aspirina diária ou outro Aines, anti-inflamatório não esteroide, sem cortisona, como ibuprofeno, reduziram o risco de sintomas urinários moderados ou severos em 27% e o risco de aumento da próstata em 49% foi reduzido.

O mais intrigante foi o fato de detectar que os homens que consumiram aspirina ou outro Aines tinham 48% menos probabilidades de ter um nível elevado de antígeno específico de próstata (PSA), a proteína que mede no sangue um possível câncer.

Conclusão

A dieta americana típica é alta em ácidos graxos ômega-6, abundante no milho, alimento muito consumido pelos norte-americanos, além de gorduras saturadas e ácido araquidônico. O alto consumo destes alimentos é proporcional ao baixo consumo de ácidos graxos ômega-3 protetores. Essa combinação contribui significativamente para os estados inflamatórios crônicos e sistêmicos.

Uma dieta saudável e nutrientes protetores específicos pode garantir apoio significativo contra o câncer.

Evitar carne vermelha, gemas de ovo, laticínios, gorduras saturadas e ômega-6 e carboidratos de alto valor glicêmico pode garantir a prevenção do câncer.

Certos nutrientes protegem a próstata suprimindo a atividade da 5-LOX e a produção de metabolitos. São eles o licopeno, óleo de peixe, e *saw palmetto*.

O ácido araquidônico em excesso no corpo não só estimula o câncer de próstata, mas também os processos que conduzem a ataques de coração, derrame e inflamação crônica.

Capítulo 4

Ácidos Graxos Essenciais

Só no ano passado foram diagnosticados mais de 170.000 homens com câncer de próstata; mais de 35.000 morreram disto, só nos EUA. Enquanto o câncer de próstata afeta milhares e em muitos casos resulta em morte, pesquisas sugerem que óleos de peixe podem reduzir o risco do câncer mortal.

Embora sejam poucos os estudos humanos devido às dificuldades de avaliação da ingesta, certos ácidos graxos foram associados a um risco reduzido de câncer. Estudos experimentais sugerem que ácidos graxos poli-insaturados, como o ômega-3 de cadeia longa, podem reduzir esse risco.

O ômega-3 pode ser obtido por meio dos ácidos graxos de peixe de água fria, como salmão, perilla e semente de óleo de linho ou linhaça. O óleo de peixe fornece diretamente EPA e DHA (ac. Eicosapentanoico – ac. docosahexanoico) ao corpo, enquanto a perilla e o linho contêm ácido alfa linolênico que enzimaticamente no corpo converte-se em EPA e DHA. O consumo adequado de ácidos graxos essenciais traz numerosos benefícios à saúde, por exemplo, o cérebro requer quantias enormes de DHA para manter corretamente sua função.

O uso de drogas que inibem o COX-2, como Celebra, Arcoxia ou Vioxx (algumas já retiradas do mercado) pode ser mais eficaz para tratar o câncer existente do que óleo de peixe somente, porém os dois juntos podem ser de grande utilidade terapêutica.

Como dissemos, é geralmente aceito que as dietas de alto teor de gordura saturada estão associadas ao câncer agressivo. Alta ingesta de ácidos graxos ômega-3 de cadeia longa e ácidos graxos ômega-9 presentes no azeite de oliva, parecem reduzir os riscos de câncer.

Os ácidos graxos ômega-3 podem produzir um efeito supressor. Os ácidos graxos de cadeia longa ômega-3 podem ajudar a retardar a progressão do câncer, suprimindo o crescimento do tumor e aumentando a apoptose (autodestruição das células).

Peixe

Numa pesquisa com 50 homens de 5 regiões no Japão e 47 homens de São Paulo, Brasil, entre 40 e 49 anos de idade, percebeu-se quase uma diferença de três vezes em conteúdo em relação ao ácido graxo poli-insaturado ômega-3 entre o Brasil (3.9%) e Akita (10.9%).

A frequência da ingesta de peixe total correspondeu à composição do ácido graxo poli-insaturado ômega-3 no soro.

Em um estudo observou 6.272 homens suecos durante 30 anos. Os homens que não comeram nenhum peixe tiveram uma frequência três vezes mais alta de câncer comparados àqueles que comeram quantias moderadas ou altas de peixe, provavelmente por inibição do ácido araquidônico (AA) derivado do eicosanoides.

Dieta e suplementos

Sabe-se que dietas com alto teor de gorduras animais desempenham um papel essencial na promoção e progressão do câncer. Tradicionalmente, os japoneses têm uma incidência muito baixa de câncer de próstata comparada aos norte-americanos. Porém, descendentes de geração de imigrantes japoneses que foram para os Estados Unidos desenvolveram uma incidência alta de câncer.

O japonês consome tradicionalmente muito menos gordura e quase nada de gordura saturada, e consome quantias altas de produtos de soja ricos em isoflavonas. Há um estudo de nutrição em pacientes de câncer que sofreram prostatectomia com tratamento de radiação ou terapia de hormônios.

Esta pesquisa determinou uma diminuição de 15% na dieta de gordura com um coquetel nutricional com 200 ug de organo-selenium, 800 I.U. de vitamina E e genisteína (uma proteína de soja) ou uma combinação do regime dietético de baixo teor de gordura com o coquetel. A taxa de crescimento de tumores em um grupo experimental diminuiu em comparação a um grupo de controle sem restrição de nutrientes e que não tomaram suplementos.

Numa pesquisa cientistas americanos mostraram que a diminuição de 15% na ingesta calórica total da ingesta de gordura dietética ameaçadora reduziu suficientemente a entrada de certos ácidos graxos como ácido linoleico que é conhecido por estimular o crescimento de células de câncer em linhagem de célula humanas.

Óleo de savelha também suprimiu o crescimento de uma linhagem de células de câncer de próstata, enquanto uma dieta alta em gorduras saturadas aumentou o crescimento de células de câncer em ratos.

Assim, podemos deduzir que um controle nutricional, com os elementos mencionados, seria uma medida importante no

tratamento do câncer da próstata e aumentaria a sobrevivência de pacientes com esta doença, impedindo o desenvolvimento e a progressão dela.

RESULTADOS

Os papéis potenciais de carcinógenos formados cozinhando a gordura animal e do ácido graxo alfa-linoleico na progressão do câncer de próstata são tema de atenção por toda a comunidade médica.

A alteração de ácidos graxos ômega-6 para ômega-3 na dieta está associada a uma redução no ritmo de crescimento do tumor e na taxa do antígeno prostático específico (PSA) em pesquisas feitas com um modelo de rato com câncer de próstata hormônio-sensível.

O aporte de ômega 3 em lugar do ômega 6 diminui as prostaglandinas pró-inflamatórias.

ÔMEGA 6

Estudos mostraram que a taxa de **câncer** nos EUA aumentou junto com entrada do ômega-6. O uso de óleo de canola e azeite de oliva e a suspensão das frituras, do milho e seu óleo ajudam a impedir a formação de radicais pró-inflamatórios derivados do estímulo à formação de células cancerígenas.

Em um estudo na Jamaica, país com a incidência mais alta de câncer de próstata no mundo, o ácido graxo o alfa-linoleico ômega-6 da dieta estava associado positivamente com o volume do tumor, sugerindo poder estimular o crescimento do câncer.

Em estudo feito com 54 casos com um PSA de 2.6 ng/ml ou maior foram feitas biópsias, demonstrando que 24 tinham câncer.

O ácido linoleico (ômega 6) foi encontrado em quantias altas na dieta jamaicana padrão e estava positivamente associado com alto grau na escala de Gleason, ou seja aumento da agressividade do tumor.

Em relação ao ácido linoleico com o DHA e o volume do tumor, além da relação do ácido araquidônico (ômega-6) com o ácido eicosapentanoico (ômega-3) foi negativamente associada com a contagem de Gleason, ou seja, menor agressividade do tumor com o aumento do ômega 3.

O ácido graxo ômega-6 estimula, e o ácido graxo ômega-3 inibe o crescimento do câncer de próstata.

Os pesquisadores do Centro do Câncer da Universidade de Charlottesville, Virgínia, descobriram uma peça importante do quebra-cabeça. As experiências mostraram que o ácido araquidônico, encontrado principalmente na carne e produtos de animais, estimula o crescimento das células do câncer de próstata pela produção de um metabolito, o 5-HETE (ácido 5-hydroxyeicosatetraenoico). O 5-HETE é considerado essencial para a sobrevivência das células tumorais, que podem ser completamente erradicadas (*in vitro*) em algumas horas bloqueando-se a produção de 5-HETE.

Conclui-se que a alta ingesta de gorduras acelera a progressão do câncer e o ácido araquidônico está intimamente envolvido neste processo. Estudos sugerem que drogas que inibem a formação dos 5-HETE podem-se mostrar úteis na batalha contra a patologia prostática.

＃ Capítulo 5

Nutrição

O Instituto Americano para Pesquisa de Câncer calculou que um terço de todos os cânceres são evitáveis por uma combinação de mudanças dietéticas, atividade física adequada e manutenção de peso de corpo apropriado. Evitar o tabagismo e o álcool pode prevenir um terço adicional de cânceres. Estas conclusões surpreendentes foram pontuadas por uma junta de 16 profissionais que revisaram mais de 4.500 estudos científicos em dieta e câncer. A implicação deste relatório é que poderiam ser prevenidos 200.000 das 600.000 mortes de câncer nos Estados Unidos a cada ano se as diretrizes indicadas fossem seguidas.

A prevenção e o combate ao crescimento do câncer têm sido estudados desde meados de 1900. Em 1942, informou Tannenbaum que, em um sistema modelo animal, uma dieta de alta gordura aumentou o crescimento de tumores.

Em 1981, Doll e Peto informaram que os fatores dietéticos podem responder por 35% de mortes de câncer, e um relatório publicado pela Academia Nacional de Ciência em 1982 apresentou evidências convincentes sobre a relação da gordura dietética e câncer. Apesar desta informação inicial, a educação que considera que mudanças dietéticas e de estilo de vida poderiam diminuir o desenvolvimento de câncer foram lentas.

O papel da dieta na prevenção e administração de câncer de próstata é objeto de uma pesquisa intensiva. As causas são múltiplas e envolvem o processo de envelhecimento, estresse, fatores hereditários, influências hormonais e fatores ambientais.

Modelos animais, epidemiológicos, bioquímicos, moleculares e biológicos estão sendo objeto de estudos de cultura de células para avaliar os efeitos da nutrição e suplementos dietéticos no desenvolvimento e prevenção do câncer. Pesquisa semelhante foi executada em câncer de mama e de intestino, mas, em anos recentes, mais atenção foi dedicada ao de próstata.

Ele se desenvolve como resultado de fatores hereditários, hormonais, e ambientais. Embora a doença geralmente esteja associada com o envelhecimento, está sendo detectada uma frequência aumentada em homens na quinta e sexta década de vida.

A presença de células cancerígenas é surpreendentemente comum. Estudos de autópsia mostraram haver câncer em próstatas de **26%** de homens aos 30-40 anos e de **38%** em homens na quinta década de vida.

Situações em que células de câncer aparentes ou ocultas, cujos números expandem-se muito lentamente, ocorrem em 85% dos homens.

Variações internacionais consideráveis acontecem na incidência de câncer clinicamente ativo da próstata.

Qidong, cidade na China, tem uma taxa de incidência de 0.5 a cada 100.000 homens, enquanto a Suécia tem uma taxa de 55.3 a cada 100.000 homens e a taxa de EUA é 102.1 a cada 100.000 homens, sendo a da Coreia do Sul de 7,5 a cada 100.000 homens. A diferença nas taxas de doença clinicamente ativa foi um dos fatores principais que conduziram à investigação dos fatores ambientais.

Outros estudos indicam que as diferenças globais em incidência não se devem a causas genéticas. Indivíduos com o mesmo fundo genético em ambientes diferentes, associariam o risco de câncer de próstata em desenvolvimento ao país de residência.

Foram relatados exemplos de mudanças em risco de câncer associado à migração inversa. Formas menos agressivas de câncer tendem a desenvolver-se em países de pouco risco. A incidência de câncer de próstata aumentou de 3 a 7 vezes na primeira geração dos homens sino-americanos ou nipo-americanos comparados aos chineses e japoneses que ainda moram em sua terra natal.

Vários fatores ambientais parecem influenciar o desenvolvimento e progressão do câncer. A influência ambiental mais forte parece ser a dieta, especificamente as gorduras.

Os Estados Unidos e países europeus ocidentais têm os índices de mortalidade mais altos de câncer de próstata e o consumo de gordura *per capita* mais alto. Em contraste, os países à beira do Pacífico apresentam os mais baixos índices de mortalidade de câncer de próstata e também têm o mais baixo consumo de gordura.

Em 1981, uma pesquisa da Sociedade de Câncer americana em 750.000 indivíduos, demonstrou uma correlação entre obesidade e câncer de próstata.

O Prof. Whittemore comunicou essa associação entre câncer e dieta, atividade física e tamanhos de corpo em afro-descendentes, brancos, e asiáticos residentes nos Estados Unidos e Canadá. A única correlação era o consumo de gordura *per capita*. O Prof. Kolonel confirmou isso no Havaí numa correlação entre o consumo de gordura saturada e a incidência de câncer.

No Japão, foi visto um aumento no risco do câncer comensurável com a introdução de dietas de estilo ocidental e o consumo de gordura mais alto.

O Prof. Giovannucci notou que homens com um consumo alto de gordura não só tinham mais possibilidades de desenvolver câncer, como desenvolveram uma forma mais agressiva da doença.

Foi demonstrado que os homens com a ingesta mais alta de carne vermelha tiveram um risco de desenvolvimento 2.64 vezes maior que os homens que ingeriram menos carne vermelha.

A gordura tem duas funções primárias na provisão de alimentos; provê calorias e aumenta o gosto. O consumo calórico aumentado é necessário para aqueles que executam trabalho físico extenuante e para quem é frequentemente exposto a doenças infecciosas e condições sanitárias pobres.

A incidência de obesidade nos Estados Unidos aumentou 30% nos últimos 20 anos, transformando-a em epidemia.
.

Os americanos comem mais *fast food* que as pessoas de outros países, e este tipo de alimentação tem muito mais alto teor de gorduras e fornece gosto bom a baixo custo, ou seja, esse país também é responsável por exportar os maus exemplos que geram doenças.

Os dados correlatam o aumento do câncer de próstata com o consumo de gordura e obesidade.

Estudos animais descobriram o impacto da restrição da gordura dietética no crescimento do tumor. Heston *et al.* injetaram células de câncer de próstata LNCaP, célula da linha andrógeno-sensível em ratos nus. Inicialmente, todos os animais estavam de dieta. Depois que os tumores estavam estabelecidos e mensuráveis, a dieta foi mudada e foi inibido notadamente o crescimento do tumor dos animais cuja gordura dietética contribuiu só com 20% das calorias totais ingeridas.

Capítulo 6

Chá Verde

Dentre os chás que existem no mundo o chá preto e o verde são os mais difundidos, já que são da mesma folha, apenas com processamento diferente.

Depois da água, o chá preto é a bebida mais consumida no mundo.

Tanto o preto quanto o verde são folhas de um arbusto, o *camelia sinensis*, uma planta tropical provavelmente originária da Índia que logo foi importada pela China e de lá espalhou-se pela Ásia e o Ocidente.

O Japão também foi conquistado pelo cultivo da *camelia* e hoje é o que produz a melhor qualidade do chá verde.

Elaboração do chá

O chá verde é o que sofre menos transformações, dada sua produção artesanal.

A primeira etapa é a torrefação ao vapor das folhas frescas para manter a cor e bloquear a fermentação.

A segunda etapa é a dessecação, seguida do enrolamento e envasamento.

Os trabalhos com chá verde referem-se à experiência também com a Theanina, ou seja, o princípio ativo do chá.

O chá preto recebe um tratamento similar, com a diferença que a torrefação é feita na última etapa.

Mesmo sendo produtos da mesma origem, as propriedades químicas de ambos os chás são muito diferentes.

O chá verde possui uma variedade de polifenóis e catequinas que têm centenas de moléculas com propriedades antifúngicas e antibióticas para dar à planta a proteção natural.

Um estudo publicado em dezembro de 2004 no Jornal de Pesquisa do Câncer (http://cancerres.aacrjournals.org/) revelou mecanismos pelos quais os polifenóis derivados do chá verde não só ajudam a prevenir o crescimento de tumores, mas ajudam também prevenindo a sua expansão, sendo uma fonte excepcional de moléculas anticancerígenas muito potentes.

Em um teste publicado em 28 de agosto de 2001 no Jornal de Procedimentos da Academia Nacional de Ciências dos EUA, pesquisadores da Case Universidade da Reserva Ocidental e Hospitais Universitários de Cleveland, estudaram os efeitos de uma fração oralmente administrada de extrato de chá verde em ratos com câncer de próstata.

Os pesquisadores deram para os ratos uma quantia equivalente a seis xícaras de chá verde por dia, que inibiu o desenvolvimento do câncer significativamente e aumentou o tempo de sobrevivência dos animais tratados, comparado aos ratos que não receberam o chá. O seu consumo inibiu a expansão do câncer quase completamente para locais distantes da próstata em duas experiências separadas (metástase), e causou a morte de um número significativo de células de câncer (apoptose).

A equipe também percebeu que os marcadores de metástase estavam reduzidos. Além disso, o **fator de crescimento endotelial vascular**, um polipeptídio que forma vasos sanguíneos novos, **abaixou** com o tratamento seguinte com polifenóis de chá verde. A formação de vasos sanguíneos novos, ou **angiogênese**, é necessária para que o tumor receba nutrientes e cresça.

Cápsulas de chá verde melhoram a saúde da próstata

Diariamente o consumo de cápsulas de **chá verde** pode reduzir o desenvolvimento do câncer em pacientes de alto risco, de acordo com um novo estudo apresentado na reunião anual da Associação Americana para Pesquisa do Câncer.

Terapia coadjuvante

A inibição da formação de vasos sanguíneos novos (angiogênese) para bloquear o crescimento e expansão do câncer de próstata (CP) está atualmente em estudo. A terapia de privação de andrógeno (TPA) é conhecida por ter este efeito antiangiogênese com a genisteína.

Outros agentes que têm um efeito sobre a invasividade da célula de câncer são os polifenóis. Só o chá verde é rico em flavonoides do grupo dos polifenóis conhecidos como catequinas. O processo de fermentação usado para fazer chá preto destrói os polifenóis biologicamente ativos da folha fresca. As catequinas como grupo têm capacidade de neutralizar os radicais livres e são **antioxidantes potentes**. São encontradas quatro catequinas nas folhas do chá verde:

Epicatequinas (EC)
Epigallocatequinas (EGC)
Epicatequinas Gallato (ECG)
Epigallocatequinas Gallato (EGCG)

Destas quatro frações, a **EGCG** é a mais importante para o paciente de CP e a mais poderosa. A atividade farmacológica estende-se além de ações como um antioxidante e varredor de radicais livres. A Epigallocatequina-3 Gallato (EGCG) age contra a uroquinase, uma enzima encontrada frequentemente em quantias grandes em cânceres humanos (Jankun *et al.*, Nature, 1997). A uroquinase destrói a base das membranas das junções das células que podem ser um passo fundamental no processo de metástase de células do tumor como também do crescimento (Ennis *et al.*, Proc. Annu. Meet Am. Assoc. Câncer Res., 1997). A EGCG prende a uroquinase e previne estas ações.

O consumo em larga escala de catequinas de chá é comum na China e Japão. A frequência do tipo latente localizado de CP não varia significativamente entre as culturas orientais e ocidentais, mas a incidência clínica de metástase de CP é geralmente baixa no Japão e outros países asiáticos em contraste à ocorrência comum de metástase de CP na Europa e nos Estados Unidos.

Na China morrem 1.74 a cada 100.000 homens por CP. Na Austrália o alto consumo de carne vermelha está em 80 dentre 100.000, ou seja, 50 vezes mais.

Numa reportagem do National Cancer Institute de 17 de dezembro de 1997, o pesquisador Hasan Mukhtar afirmou que os compostos do chá verde, a EGCG 3, matam a célula por fragmentação do DNA, processo típico da apoptose, e deixam as células normais intactas, ou seja, somente destroem as células cancerosas.

O que faz do extrato de chá verde um nutriente tão importante como suplemento é o grande volume de resultados científicos publicados que validam os benefícios biológicos múltiplos. Os estudos mais significativos mostram que a ajuda do extrato de chá verde mantém o DNA celular e a integridade estrutural da membrana.

A atividade antioxidante do chá verde EGCG é aproximadamente 25-100 vezes mais potente que as vitaminas C e E. Uma xícara de chá verde pode prover 10-40 mg de polifenóis e pode ter atividade antioxidante maior que uma porção de brócolis, espinafre, cenouras ou morangos.

As pesquisas mostram que o chá verde também pode ajudar a manter a saúde da parede arterial reduzindo os lipídios e mantendo a agregação plaquetária saudável.

Estudos consideram o processo do chá verde como a melhor maneira de interpretar o esquema da apoptose (autodestruição das células) e agregam: o chá verde parece um potente e ideal agente quimiopreventivo.

Um encaminhamento nutricional para câncer de próstata inclui o *green tea* (chá verde) no Sloan- Kettering Memorial Hospital de New York.

Em julho de 2001, como tema central do Jornal de Bioquímica Celular, pesquisadores da Universidade de Boston publicaram os relatórios dos efeitos do chá verde em ratos com câncer de mama quimicamente induzido. Os investigadores notaram que, em ratos sem tratamento, os tumores apareceram significativamente mais rápido que em ratos tratados com chá verde que também reduziu o número de tumores e o número de tumores invasivos em cada animal e parou sua proliferação.

Os mesmos pesquisadores também trataram células de câncer de mama humanas *in vitro* (célula de cultura). Os resultados eram igualmente impressionantes: o chá parou a proliferação das células de câncer.

Em um teste posterior, publicado em 28 de agosto de 2001 no Jornal de Procedimentos da Academia Nacional de Ciências do

EUA, pesquisadores da Case, Universidade da Reserva Ocidental e Hospitais Universitários de Cleveland estudaram os efeitos de uma fração oralmente administrada de extrato de chá verde em ratos com câncer de próstata.

Os pesquisadores deram para os ratos uma quantia equivalente a seis xícaras de chá verde por dia que inibiu o desenvolvimento do câncer significativamente e aumentou o tempo de sobrevivência dos animais tratados comparado aos ratos que não o receberam

Outra interessante apresentação da 96ª Reunião Anual da Associação Americana para Pesquisa do Câncer aconteceu em Anaheim, Califórnia: Saverio Bettuzzi, Ph.D. da Universidade de Parma, Itália, informou que as catequinas do chá verde (GTCs), os compostos presentes no chá são os responsáveis pelo benefício na saúde e na prevenção do câncer de próstata em homens com risco alto de contrair a doença. Tal estudo representa pela primeira vez a ajuda do chá verde na prevenção do câncer em testes clínicos.

Uma equipe da Universidade de Parma e da Universidade de Módena e Reggio Emilia administrou cápsulas com 200mg de catequinas de chá verde livres de cafeína, três vezes por dia, em 32 homens com neoplasia intraepitelial de alto grau (PIN), enquanto outros 30 homens com as mesmas condições receberam um placebo. A neoplasia intraepitelial da próstata é uma condição de pré-malignidade da próstata tornando-se câncer dentro do ano num terço desses afetados. Foram feitas biópsias da próstata aos seis e doze meses.

Houve uma diminuição média de 17% nos níveis do antígeno prostático específico (PSA) depois de nove meses no grupo que recebeu as catequinas. Depois de um ano, só 1 homem no grupo (3%) dos que receberam catequinas de chá verde tinha desenvolvido câncer da próstata, quando o esperado era que 9 pacientes, ou seja, 30%

tivessem desenvolvido. No grupo placebo foram os 9 casos esperados que desenvolveram o câncer. Nenhum efeito colateral significativo foi comunicado.

O Dr. Bettuzi declarou: "Numerosos estudos anteriores, incluindo o nosso, demonstraram que as catequinas do chá verde, ou puro EGCG, inibem o crescimento das células do câncer em modelos de laboratório". Planejaram um estudo clínico para descobrir se as catequinas poderiam prevenir o câncer em homens e os resultados foram totalmente afirmativos.

Quando roedores com câncer em crescimento ativo foram alimentados com o equivalente a seis xícaras de chá verde ao dia, nenhuma metástase aconteceu, e a sobrevivência global foi maior, e os casos livres do tumor tinham a sobrevivência mais prolongada. Em um estudo separado, dentre 250 genes de câncer de próstata demonstrou-se que o EGCG afetou 25 genes significativamente, o que poderia influenciar o crescimento do câncer. (Nutrigenômica)

Os resultados representam 90% de redução significante no risco de câncer em desenvolvimento. Os pesquisadores falaram na reunião que tinham esperado um possível percentual de 50% de redução antes do começo do estudo e estavam surpresos com a amplitude com que o chá verde inibiu o desenvolvimento do câncer.

Pacientes que também consumiram as cápsulas de chá verde experimentaram um encolhimento importante no tamanho da próstata.

Pesquisadores da Universidade de Wisconsin também concluíram que o EGCG de chá verde reduz os níveis de enzimas estimulantes do câncer como a ornitina descarboxilase, crítica para o crescimento da célula.

Ter muito desta enzima na próstata é perigoso porque estimula níveis mais altos no corpo de cyclooxygenase (COX) e promove a inflamação.

Os estudos e os dados de outros laboratórios sugerem que o chá verde e seus componentes induzem a apoptose, inibem o crescimento da célula, seguram a progressão do ciclo de célula, inibem a angiogênese e metástase, e, fundamentalmente, inibem o crescimento do tumor de próstata em um modelo animal no qual o câncer de próstata progride como em humanos.

Chá verde e licopeno

Para pesquisar o possível efeito em comum do licopeno e do chá verde em relação à próstata existem estudos que mostraram que:

O **risco de câncer** reduz-se com o consumo aumentado de chá verde. O efeito protetor de chá verde era significativo com uma ingesta mais alta em comparação às mais baixas. As ingestas de legumes e frutas ricas em licopeno também foram associadas inversamente com o risco de câncer, e a análise mostrou que o efeito protetor de chá e o consumo de licopeno eram sinérgicos.

Este estudo sugere que beber chá habitualmente e comer legumes e frutas ricas em licopeno dão uma proteção poderosa contra o Ca de próstata. Juntos têm um efeito preventivo mais forte que separadamente.

Os melhores chás verdes são os japoneses, e na preparação e infusão deve-se deixar pelo menos por 10 minutos para obter-se o máximo de rendimento de extrair os polifenóis das catequinas e os efeitos anticancerígenos mais ativos.

Habitualmente para obter um efeito consistente são necessárias de 3 a 4 xícaras ao dia, e os chás não devem ser adoçados!

Capítulo 7

Vitamina D

No último ano foram apresentados resultados alentadores de amplas pesquisas relativas à vitamina D e seu papel potencial, prevenindo e talvez até mesmo tratando o câncer.

Cientistas estão examinando o uso de vitamina D para reduzir o risco de nada menos que 17 tipos diferentes de câncer. São eles, câncer de cólon, de mama, de próstata, de ovário, de esôfago, de rins e de bexiga. Além disso, os pesquisadores acreditam que a vitamina D pode melhorar resultados de tratamento até mesmo em pessoas já diagnosticadas com câncer. Um recente artigo de revisão calculou que entre 50.000 e 70.000 americanos morrem prematuramente de câncer por ano devido a nível insuficiente de vitamina D.

As pesquisas sugerem que a vitamina D também possui aplicações ao promover a resistência dos ossos, ao mitigar as condições autoimunes como esclerose múltipla, diabete tipo 1 e artrite reumatoide. Outros benefícios potenciais incluem a saúde dental e da pele. Ela ainda pode ajudar a prevenir o AVC, a síndrome metabólica, e as dores músculo-esqueléticas.

Uma pesquisa nova indica que a vitamina D age por vários mecanismos para ajudar na luta contra o câncer.

Estudos sugerem que a forma ativa da vitamina D pode ajudar a promover a diferenciação de células e apoptose de apoio, como também ajuda a prevenir as metástases e a angiogênese. O papel da vitamina D é apoiar a absorção do cálcio o que também pode contribuir com a habilidade para lutar contra o câncer, pois já foi demonstrado que o cálcio diminui a proliferação e induz a diferenciação nas células epiteliais.

Protegendo a próstata

Recentes testes clínicos sugerem que a vitamina D e seus análogos prometem ser terapias importantes para o câncer da próstata.

Estudos experimentais indicam que a forma ativa da vitamina D promove diferenciação e inibe a proliferação, a invasão e a metástase do câncer.

Em um estudo recente, pesquisadores examinaram a relação entre a exposição ao sol e o câncer da próstata. O estudo avaliou 450 homens com câncer avançado comparando com 450 homens não afetados. Os pesquisadores concluíram que aqueles com um nível alto de exposição ao sol tiveram um risco 50% mais baixo de câncer que os homens com baixa exposição ao sol. Eles acreditam que a luz solar ajudou a proteger os homens contra o câncer promovendo a síntese da vitamina D por causa da associação entre exposição ao sol e certos cânceres de pele. Entretanto, os cientistas notaram que a ingestão da vitamina D na dieta e suplementos podem ser a solução mais segura para alcançar os níveis adequados de vitamina D.

A vitamina D também é indicada para auxiliar no tratamento de pacientes com metástase nos ossos. Esta população de pacientes desenvolve geralmente uma deficiência nesse sentido.

Suplementando a dieta com a vitamina D, estes pacientes reduziram a dor, impulsionaram a força dos músculos e melhoraram a qualidade de vida.

Além dos efeitos contra numerosos cânceres, ela colabora com as condições autoimunes aperfeiçoando a saúde das gengivas, ossos e músculos.

O DEBATE DO SOL

Como a vitamina D é lipossolúvel pode ser armazenada no tecido gorduroso do corpo, presumivelmente para acesso em longo prazo.

Por viver em climas com ângulos muito reduzidos de luz solar (as partes do norte e do sul do globo) ou onde a luz solar é rara, a necessidade para suplementação de vitamina D é imprescindível. O corpo humano é projetado para obter tal vitamina pela exposição à luz solar a partir de uma exposição breve, o que provê 80 a 90% da vitamina do corpo.

Exposição do corpo inteiro à luz solar pode produzir aproximadamente 10.000 UI de vitamina D num dia. Para prevenir a acumulação de níveis tóxicos o corpo limita naturalmente a quantia que sintetiza do sol.

Durante anos, os defensores da saúde sugeriram que a exposição ao sol pode contribuir com algum risco de câncer de pele e o protetor solar deveria ser usado para toda exposição de sol maior que 15 minutos. Porém, evidências novas sugerem que a vitamina D pode, na realidade, proteger contra várias formas de câncer, enquanto o protetor solar pode ajudar a proteger somente contra o câncer de pele, o melanoma o mais mortal. O efeito de limitar a produção de vitamina D poderia conduzir a uma maior incidência de outros cânceres. Tal fato não implica dispensar protetor solar, pois ele pode proteger significativamente contra o envelhecimento de pele prematuro, bem como cânceres de pele, sobretudo no rosto, mas o corpo não precisa de restrições tão exageradas como é propagado. Contudo, isto nos alerta, de uma maneira ou de outra, ser fundamental que o corpo receba ótimos níveis de vitamina D.

O sol é fundamental para a saúde, por isso quando os idosos/as se protegem do sol com sombrinhas ao andar pelas ruas, não se entende o porquê, já que nessa idade dificilmente o câncer de pele vai atacar. Não se entende porque não são alertados pelos médicos sobre a importância do sol para proteger os ossos da osteoporose que com certeza têm e para a qual se entopem de leite (GRAVE ERRO!) e cálcio e vitamina D sintética, desperdiçando o que a natureza oferece, de forma muito mais eficaz.

Por todos os motivos apresentados, sempre indico a necessidade do sol em todas as idades, nos horários menos agressivos, mas sem tantas restrições, já que não se devem extrapolar as condições obrigatórias da saúde: sol é vida.

FUNDAMENTOS DA VITAMINA D

Tecnicamente a vitamina D não é uma verdadeira vitamina. Considerando que a exposição ao sol pode estimular sua síntese no corpo, acaba não sendo necessariamente requerida na dieta, exceto em certas circunstâncias. Além disso, sua estrutura e mecanismo de ação assemelham-se mais de perto a um hormônio que a uma vitamina.

A vitamina D existe na natureza em duas formas principais: vitamina D2, ou ergocalciferol, e vitamina D3, ou colecalciferol. Enquanto a vitamina D2 é obtida por fontes de plantas, a vitamina D3 ou pode ser obtida por fontes animais ou sintetizada na pele quando sua molécula precursora absorve a energia solar de raios B ultravioleta.

O papel mais crucial da vitamina D está na regulação do cálcio e as concentrações de fósforo no soro, ajudando o intestino delgado a absorvê-los. Quando a entrada dietética do cálcio está abaixo dos níveis esperados, a vitamina D3 juntamente com o hormônio da paratireoide moverá o cálcio do armazenamento no osso para a circulação para que o corpo possa usá-lo.

Como a vitamina D pode ser encontrada relativamente em poucos alimentos, a suplementação tornou-se uma fonte principal de obtenção. Dentre os alimentos que contêm vitamina D estão os peixes gordurosos como atum, sardinha, arenque e cavala, bem como ovos de galinha suplementados.

Capítulo 8

Vitamina D e Aines

Um estudo mostrou que somando um anti-inflamatório (Aines, anti-inflamatórios não esteroides) à forma ativa de vitamina D conhecida como calcitriol, reduz-se o crescimento de células de câncer de próstata em até 70%. O autor do estudo, o professor Dr. David Feldman, já previamente havia demonstrado que o calcitriol limita o crescimento das células do câncer da próstata.

O Dr. Feldman testou o calcitriol, o naproxeno e o ibuprofeno como Aines em cultivo de células de câncer de próstata e constatou uma redução de 25% do crescimento associado com cada droga. Mas quando foram administrados calcitriol e um Aines em quantias entre um décimo e a metade das quantidades usadas isoladamente, houve uma redução de 75%.

Testes de ADN revelaram dois genes afetados pelo calcitriol que estão envolvidos na produção e esgotamento das prostaglandinas. Prostaglandinas são hormônios que podem ativar a resposta inflamatória associada ao crescimento do câncer. Drogas anti-inflamatórias não esteroides trabalham semelhantemente bloqueando a enzima COX-2, necessária para a síntese da prostaglandina.

O Dr. Feldman comentou que há uma grande intensificação quando as drogas são ministradas em conjunto, e usando-as dessa forma consegue-se uma dose segura para ser administrada em humanos.

"Aines têm seus próprios riscos", pontua o Dr. Feldman. "Assim, deve se ter cuidado com doses mais baixas e ainda assistir aos pacientes de perto ao manter estas drogas por períodos prolongados." Encontrar doses que sejam menos tóxicas e mais toleráveis para os pacientes ainda é um desafio para os pesquisadores.

Os efeitos de administrar duas vezes ao dia naproxeno a pacientes de câncer de próstata junto com uma vez por semana o calcitriol ainda estão sendo avaliados.

Uma combinação de calcitriol e Aines poderia ser uma estratégia terapêutica quimiopreventiva útil em homens com câncer, já que permitiria o uso de concentrações mais baixas de ambas as drogas, reduzindo assim os efeitos colaterais causados por elas

Informe do mecanismo da ação antimetástase da vitamina D

Os resultados de pesquisadores do Centro Médico da Universidade de Rochester indicam que a vitamina D ajuda a prevenir a expansão de células do câncer de próstata, limitando a atividade de duas enzimas. Uma pesquisa anterior mostrou que a vitamina D suprime a progressão do câncer, mas seus mecanismos pareceram obscuros.

Está em atual investigação se os agentes farmacêuticos ou outras vitaminas, como a vitamina E, poderiam aumentar os benefícios anticancerígenos da vitamina D. Investiga-se também se o melhor modo de aportar a vitamina D é a exposição ao sol e ainda se tomar uma pílula para aumentar a vitamina D pode vir a prevenir o câncer.

A vitamina D gerada pela luz solar reduz o risco das formas mais letais de câncer de próstata.

De acordo com recente pesquisa tem sido demonstrado que as taxas de mortalidade por câncer de próstata entre 1970-1979 estão correlatas significativamente e inversamente com a radiação ultravioleta (UV). Existem análises de dados da mortalidade por câncer sobre um período de 45 anos (1950-1994), a fim de examinar a persistência deste padrão.

Um estudo novo sugere que a falta de exposição à radiação de raios ultravioleta B do sol pode aumentar o risco de desenvolver quatro tipos de câncer.

O estudo mostrou que americanos que moram em lugares que recebem luz solar mais forte têm morbidade mais alta por câncer de pele e, significativamente, mais baixa mortalidade por câncer de mama, de ovário, de próstata e de cólon.

Foram examinadas as taxas de mortalidade por câncer nos EUA entre 1970-1994 e essas taxas foram comparadas aos níveis da radiação ultravioleta-B em certas áreas dos EUA. Ficou demonstrado que a maior quantidade de mortes por câncer de pele aconteceu nas áreas mais ensolaradas, e mortes por outros cânceres eram significativamente mais baixas nesses mesmos locais ensolarados.

Os resultados do estudo confirmaram que a radiação de UV-B solar apresenta risco reduzido de câncer de mama, de cólon, de ovário, de próstata e de linfoma não-Hodgkin.

Ao mesmo tempo, cânceres de bexiga, de esôfago, de rim, de pulmão, de pâncreas, de reto, de estômago e de colo de útero estão relacionados a baixos níveis de radiação UV-B do sol. Foi sugerido que, anualmente, 21.700 mortes prematuras por cânceres poderiam ser prevenidas por meio da exposição à radiação de UV-B ou suplementação com vitamina D3.

A luz solar razoável pode oferecer proteção, pois ativa uma reação no corpo que fabrica a vitamina D.

Níveis circulantes baixos foram relacionados à falta de exposição de luz solar ou baixos níveis na dieta com risco aumentado de câncer colo-retal, de próstata e de mama.

De acordo com um estudo, no norte dos Estados Unidos, os níveis de luz solar são tão baixos no inverno que a síntese da vitamina é inadequada para produzir níveis protetores.

Segundo o Dr. Grant, ficou demonstrado que a variação geográfica afeta taxas de mortalidade de câncer nos EUA e isso pode ser atribuído a variações em radiação UV-B pela exposição solar. Poderiam ser prolongadas muitas vidas por exposição cuidadosa aumentada à radiação solar de UV-B e, mais seguramente, por suplementação de **vitamina D3**, especialmente nos meses de inverno.

Estes resultados não surpreendem completamente, já que estudos passados tinham documentado que a luz solar pode proteger contra vários tipos de câncer e que a taxa deste tipo de mal é aproximadamente duas vezes mais alta no nordeste americano comparado ao sudoeste ensolarado. Pesquisadores acreditam que as falhas na dieta como fatores de risco explicam o aumento da incidência do câncer.

Capítulo 9

Curcumin

O **Curcumin** é um condimento usado primeiramente por índios há mais de 3.000 anos na medicina Ayurvédica tradicional. A ciência moderna considera que este extrato do tempero **turmeric** tem qualidades notáveis como antioxidante. Com o passar do tempo, como nossas células continuam sendo afetadas por radicais livres, ou oxidantes, os órgãos começam a degenerar-se e acelera-se o envelhecimento.

O corpo tem mecanismos de defesa para proteger-se dos radicais livres, mas eventualmente, o envelhecimento diminui a capacidade do organismo de manter os oxidantes sob controle e a distância.

As pesquisas consideraram de vital importância um tempero famoso como uma terapia de prevenção nova e potente contra doenças, especialmente câncer.

O câncer tira a vida de mais de 1.500 pessoas ao dia e, desde 1990, 5 milhões de pessoas já morreram desse mal. É a segunda principal causa de morte nos Estados Unidos.

Enquanto essas estatísticas estiverem cambaleando, a comunidade médica manterá o foco em mecanismos de controle da doença, descobrindo novos métodos potencialmente eficazes para tratá-la.

Uma ênfase semelhante é colocada em prevenção, como cada vez mais cientistas tentam descobrir o mistério por detrás da carcinogênese, particularmente em nível genético.

O que chama a atenção de oncologistas e pesquisadores é uma substância conhecida como curcumin, um pigmento amarelo naturalmente encontrado no turmeric. O tempero faz parte da família do gengibre.

O turmeric é consumido amplamente não só em seus países de origem como condimento, mas como medicação para o tratamento de uma variedade de doenças. Era há muito tempo usado como um anti-inflamatório entre médicos indianos.

O curcumin tem um potencial muito mais amplo. Não só faz o trabalho de extrato como antioxidante e anti-inflamatório, mas uma série de estudos nos últimos quatro anos, focalizando câncer ao nível celular, revelam alguns resultados surpreendentes. Em primeiro lugar, a pesquisa está descobrindo que o curcumin é um inibidor carcinogênico poderoso, reduzindo a velocidade de proliferação da célula cancerosa, induzindo a apoptose. Um esquema programado de processos dentro das células resulta em sua morte, em sua autodestruição.

Quando o corpo responde a um dano físico, uma série de mudanças acontecem e são liberados os radicais livres. Estes radicais livres, ou oxidantes, protegem o corpo da invasão externa, como a infecção. Porém, no processo de matar bactérias invasoras, os oxidantes também podem prejudicar nossas células. Tais oxidantes podem incluir superóxido, peróxido de hidrogênio, radical hidroxila e peróxidos lipídicos.

Com o passar do tempo, como nossas células continuam sendo afetadas por estes radicais livres, ou oxidantes, os órgãos começam a degenerar-se. O resultado pode ser uma infecção crônica e inflamações, doenças do coração, envelhecimento acelerado e danos ao DNA com crescimento caótico de células que conduzem ao câncer.

Estudos mostram que o curcumin pode inibir, ou possivelmente até mesmo controlar este processo, limpando ou neutralizando os radicais livres e quebrando a reação oxidativa decorrente e subsequente.

Pesquisa de 1995 mostrou que uma dieta que incluía curcumin pôde restringir o estresse oxidativo. Cientistas na Índia descobriram que o curcumin inibe a peroxidação lipídica do superóxido e o radical hidroxila – radicais livres mais prejudiciais.

Os dois estudos mais recentes foram publicados em 2005. Numa primeira análise os cientistas concluíram que a exposição prolongada ao curcumin em células endoteliais da aorta bovina resultou num aumento da resistência celular ao dano oxidativo.

O curcumin é bloqueador de vários tóxicos químicos, como a dioxina e o DDT, e é capaz de reverter o crescimento do câncer de mama provocado por 17 beta estradiol em 98%, e em 75% provocado pelo DDT.

Neutraliza a nitrosamina, um tóxico cancerígeno produto do cozimento da carne vermelha, e também do tetracloridrato de carbono, produto dos solventes de vernizes e altamente cancerígeno.

Em recentes estudos, foi pesquisado o potencial terapêutico do curcumin contra o câncer de próstata. Em um estudo no último ano, descobriram que o curcumin tem uma capacidade poderosa para induzir a apoptose e inibir a proliferação das células *in vitro*, interferindo nas células de proteína que sinalizam os caminhos que tipicamente começam o processo de crescimento tumoral. Só recentemente os pesquisadores estenderam esses resultados para tentar alcançar resultados semelhantes em um modelo animal.

Nas experiências com ratos, a percentagem de desenvolvimento do câncer caiu de 100% para 38% e o de tumores desenvolvidos diminuíram em 81%.

O curcumin interfere também com elementos vitais na oncologia – as quinases. Existem ao redor de 2.000 quinases. Elas são como linhas telefônicas que comunicam as ordens de fora da célula até o DNA celular e desregulam as estruturas gerando o câncer ao estimular o crescimento desordenado das células. São os celulares de dentro da prisão, ordenando todos os crimes do outro lado e permanecendo impunes.

Bloquear ou cortar essas linhas é vital para a cura do câncer; pois bem, o curcumin faz isto!

O curcumin também interfere no crescimento das células do câncer, bloqueando-as e reprogramando-as, evitando a metástase nos ossos; outra função dele é sensibilizar as células cancerígenas para serem mais vulneráveis à radiação da radioterapia convencional além de inibir a angiogênese do tumor (desenvolvimento de vasos sanguíneos).

No mais recente estudo descobriu-se que as células de câncer injetadas subcutaneamente em ratos alimentados com uma dieta de 2% de curcumin, durante seis semanas, não desenvolveram extensivamente os tumores e sofreram apoptose significativa.

Combinação vegetal de curcumin e crucíferos ajudam a prevenir e tratar o câncer

Uma combinação de curcumin, derivado do tempero turmeric, e do fenetil isotiocianato (PEITC), derivado de uma classe de legumes como agrião, repolho, couve-flor e brócolis, ajuda a prevenir o câncer, como também ajuda no tratamento em estudos com animais.

Existem estudos que avaliam como o PEITC e o curcumin poderiam individualmente e em combinação prevenir e, possivelmente, tratar o câncer.

Os pesquisadores testaram o curcumin e o PEITC em ratos com tumores completamente estabelecidos e perceberam que juntos os nutrientes reduziram significativamente o crescimento do tumor, demonstrando serem eficazes como únicos agentes de prevenção, com menor atividade para fases avançadas do crescimento do tumor.

A oxidação do LDL, o colesterol ruim, tem um papel importante no desenvolvimento da aterosclerose.

Esta gordura é a que penetra na capa íntima dos vasos e forma focos que provocam o endurecimento e as lesões dos vasos (artérias).

Baseado nesse conhecimento, pesquisadores examinaram também o efeito do curcumin na oxidação do LDL e os níveis de lipídeos no plasma. Em uma pesquisa, médicos da Espanha fizeram experiências com dois grupos de coelhos ministrando uma dieta de colesterol alto para induzir aterosclerose.

Foi descoberto que um dos grupos alimentados com a menor dosagem de curcumin diminuiu a suscetibilidade da peroxidação lipídica do LDL e que ambos os grupos tiveram níveis mais baixos de colesterol.

Em outros dois recentes estudos, cientistas da Universidade de Columbia, de Nova Iorque, pesquisaram o potencial terapêutico do curcumin contra o câncer de próstata e concluíram que o curcumin é um agente anticâncer terapêutico, que inibe o crescimento do câncer de próstata, significativamente que tem o potencial para prevenir a progressão dele.

Capítulo 10

Testosterona

ORIGEM: A Testosterona é produzida pelas células de Leydig nos testículos por estimulação de um hormônio da glândula pituitária, o hormônio luteinizante (LH).

O homem tem 700 milhões de células de Leydig até os 20 anos, e começa a perder 6 milhões a cada ano.

A testosterona encontra-se em duas formas. A primeira liga-se às globulinas (SHBG) e a segunda, livre ou biodisponível, tem o efeito ativo no organismo.Transforma-se em DHT (dihidrotestosterona) pela enzima 5 alfa redutase.

Supõe-se que a falta de hormônios masculinos na andropausa determine o aparecimento do câncer da próstata, por isso a suplementação é um dos tratamentos para evitar ou diminuir o tumor prostático.

Em um estudo de 18 casos com câncer de próstata de alto grau e 146 casos de grau moderado, os níveis de testosterona total e livre foram medidos antes e depois da prostatectomia e comparados em 79 dos 164 homens com câncer. Os níveis de testosterona livre e total no soro em pacientes com câncer de alto grau eram significativamente mais baixos que nos pacientes com câncer de grau moderado e naqueles sem câncer, ou seja, quanto mais agressivo é o câncer, mais baixo estava o hormônio, o que induz ao conceito de que a baixa da testosterona estimula o câncer de próstata.

Depois da prostatectomia em 79 casos, o nível da testosterona total e livre no soro era significativamente mais elevado quando comparado com os níveis pré-cirúrgicos.

Isso significa que o câncer diminui a testosterona, ou a testosterona baixa estimula o câncer. O que vem primeiro?

Avaliando 166 casos de câncer de próstata durante 24 anos de seguimento não houve nenhuma associação entre testosterona no soro, o hormônio SHBG ou concentrações de androstenediona e a ocorrência de câncer de próstata subsequente.

Estes dados confirmam a hipótese de que a testosterona no soro, o SHBG ou androstenediona não são determinantes da ocorrência de câncer na próstata.

Reposição e segurança

Numa reunião da Associação Americana de Urologia foi comunicado que a terapia de reposição de testosterona provavelmente NÃO aumenta o risco de câncer de próstata, mas pode ter um pouco de outros efeitos adversos.

A maioria dos dados descarta a ideia de que a reposição de testosterona aumenta o risco de câncer de próstata, mas não há nenhum estudo em longo prazo como há com a terapia de substituição de hormônio em mulheres.

Fica, portanto, duvidosa a teoria com relação ao tão propalado efeito cancerígeno da testosterona.

Considera-se que a testosterona pode aumentar um câncer já preexistente, mais não pode gerá-lo.

Sete estudos previdentes, randomizados, placebo-controlados de terapia de substituição de testosterona em 461 homens com hipogonadismo (diminuição hormonal sexual) determinaram que 1% foi diagnosticado com câncer de próstata durante os 36 meses de seguimento, quase idêntico às taxas de câncer descobertas durante a semana do Câncer de Próstata em pacientes previamente selecionados.

Em 12 estudos longitudinais, foi percebido que qualquer aumento do risco para câncer em homens com níveis de testosterona mais altos aconteceu em homens também com níveis mais baixos de testosterona, portanto o nível do hormônio não é determinante da neoplasia.

Adquirir uma resposta definitiva na segurança de reposição de testosterona pode levar até 2015 ou 2020 com estudos em longo prazo. Dar testosterona para homens com baixos níveis de testosterona poderia, talvez, aumentar o nível do antígeno prostático específico (PSA), sem que isso indique um aumento na possibilidade de câncer.

Administrar testosterona não causa crescimento descontrolado da glândula prostática.

Em um estudo com 20 pacientes hipogonádicos que estavam com alto risco de CaP em desenvolvimento nos quais as biopsias demonstraram um alto grau de neoplasia intraepitelial (PIN) e em 55 homens hipogonádicos sem neoplasia foi administrada testosterona durante 1 ano.

O resultado foi que o PSA aumentou 0,3 ng/dl em ambos os grupos, com um paciente do grupo com neoplasia que desenvolveu câncer.

A Sociedade Sueca de Câncer determinou que os andrógenos fossem relacionados à tumorogênese da próstata, mas estudos previdentes não têm informado nenhuma associação global entre os níveis circulantes de andrógeno e o risco de câncer da próstata. Porém, alguns recentes estudos mostraram que um alto nível de testosterona pode aumentar o risco de tumores não agressivos, mas isso está associado a um risco diminuído de tumores agressivos.

Num estudo de 392 casos com 392 controles em que se mediram os níveis de testosterona total e livre, o glucuronato de androstenediol (A-diol-g) e a SHBG (Hormônios sexuais ligados à globulina), chegou-se à conclusão de que nenhum dos hormônios estudados estava significativamente associado ao risco de câncer de próstata no grupo de estudo.

Conclusões

Não foi encontrada nenhuma associação significante entre os níveis de andrógeno e o risco de câncer de próstata nesta corte baseada numa população não selecionada.

Capítulo 11

Laticínios

O leite de vaca é um dos alimentos mais antigos do mundo e uma fonte regular de calorias, nutrientes, hormônios, gordura, cálcio, vitaminas e minerais. Porém, é um alimento que traz muitos problemas, e o consumo deveria ser restringido, tanto para adultos quanto para crianças e até para bebês.

O leite traz muitos hormônios aditivos e compostos que são danosos para o ser humano, além do que, com a pasteurização eliminam-se muitas das vitaminas que eventualmente poderiam absorver-se.

Um consumo alto de laticínios e cálcio está relacionado a um aumento do risco de câncer de próstata, além de vários outros problemas de saúde como aterosclerose, arteriosclerose, alterações na pituitária, cálculos no rim e na próstata, alergias, doenças autoimunes, diabetes, nefrocalcinose, calcificações arteriais, sem contar os hormônios que são injetados nas vacas contra as doenças próprias delas, que não são dos humanos (aftosa, vaca louca, encefalite) etc. Inacreditável? Sugiro a leitura do livro: *Leite, alimento ou veneno?* do Dr. Roberto Cohen, da Editora Ground.

Em uma análise combinada de dez estudos publicados concluiu-se que homens que consomem uma quantidade mais alta de laticínios e cálcio têm mais probabilidades de desenvolver câncer de próstata que os homens com consumo menor. Estes resultados foram publicados no Jornal do Instituto Nacional do Câncer Americano.

O cálcio é um mineral que se supõe ser indicado para tratar a osteoporose, hipertensão e câncer cólon-retal. Porém, alguns estudos sugeriram que o consumo alto de cálcio pode aumentar o risco de câncer de próstata, além de não melhorar a osteoporose.

A razão para uma ligação entre o cálcio e o câncer de próstata, envolve a supressão no sangue do 1,25-dihydroxyvitamin D3 – a forma ativa de vitamina D – que desempenha um papel importante no controle do crescimento das células da próstata e a diferenciação, ou a elevação, dos níveis da insulina no plasma como fator de crescimento – um hormônio associado ao risco aumentado de câncer de próstata.

Para avaliar a ligação entre laticínios, cálcio e risco de câncer, pesquisadores selecionaram as informações de dez publicações que abordaram a questão.

Todos os estudos foram prospectivos – significa que foram estudados e analisados antes que os pacientes desenvolvessem o câncer. Este tipo de planejamento de estudo minimiza alguns tipos de tendência.

Os estudos foram conduzidos nos EUA ou na Europa e foram publicados entre 1984 e 2005. A informação sobre consumo de laticínios e cálcio foi selecionada por questionários preenchidos pelos pacientes do estudo.

Dados dos dez estudos sugeriram um risco aumentado de câncer entre homens com a ingestão mais alta de lácteos ou cálcio.

Homens que consomem boa quantidade de laticínios têm entre 11% e 39% mais probabilidades de desenvolver o câncer do que aqueles com o consumo mínimo.

Os cientistas concluíram que a ingestão de laticínios e cálcio deve estar associada ao risco aumentado do câncer da próstata.

Dados do Estudo de Saúde dos Médicos indicam que homens que consomem 2.5 porções por dia de produtos lácteos tiveram aumentado em 42% o risco de contrair câncer comparado com os que consumiram menos que meia porção por dia.

Os que beberam seis copos de leite por dia tiveram níveis mais baixos de 1,25 dihydroxyvitamin D3 comparados com aqueles que beberam menos de dois copos por dia. Homens que tomaram suplementos de cálcio aumentaram o risco de ter câncer em três vezes.

A relação entre aumento de cálcio e diminuição da vitamina D tem sido o nexo para sugerir o aumento do risco.

A 1,25 dihydroxyvitamin D3 regula o metabolismo do cálcio no corpo e, subsequentemente, a entrada de cálcio dietético no plasma, suprimindo da circulação os níveis de 1,25 dihydroxyvitamin D3, eliminando-a e aumentando assim o risco.

Em 526 casos de câncer confirmados, comparados com 536 casos controles, mostraram-se os resultados em que a ingestão de cálcio era um predictor independente de câncer, especialmente para tumores metastáticos. O alto consumo de produtos lácteos estava associado a 50% de aumento no risco de câncer.

O leite estimula o crescimento dos bebês e das células cancerígenas

Para entender porque os produtos lácteos podem influir no desenvolvimento do câncer, devemos recordar o propósito biológico. O leite é produzido pelas mães para ajudar no rápido crescimento de recém-nascidos.

Tem um alto conteúdo de proteínas, gorduras e açúcar (lactose) assim como dúzias de hormônios e outras substâncias químicas naturais que guiam o crescimento e desenvolvimento dos infantes. O leite varia segundo sua espécie. O leite de vaca tem um perfil de nutrientes muito distinto ao do leite humano, mas... o leite de todo mamífero está programado para estimular um rápido crescimento dos recém-nascidos, protegendo-os com os anticorpos que a mãe lhes fornece.

Depois da idade do desmame, todos os mamíferos deixam de beber o leite de suas mães, já que comem o que a natureza oferece. Os seres humanos, inconcebivelmente, começaram a consumir o leite de vaca e de outros mamíferos. Quando os seres humanos bebem leite de vaca, certos câmbios biológicos perigosos são produzidos no seu corpo, sendo um deles um aumento na quantidade do fator de crescimento similar à insulina tipo 1 (**IGF-1**) no sangue, e a intolerância à lactose, aspecto mais comum do que se pensa.

O IGF-1 é um poderoso estimulante da formação de células em geral, e ainda mais das cancerígenas. Quando as células do câncer de mama se mesclam com o IGF-1 em um tubo de ensaio, por exemplo, multiplicam-se rapidamente.

Os pesquisadores têm conhecimento, faz muitos anos, de que os homens e mulheres com níveis mais altos de IGF-1 no sangue têm um risco significativamente mais alto de desenvolver câncer de **próstata** e de **mama** respectivamente, em comparação àquelas pessoas que têm níveis mais baixos de IGF-1. Portanto, uma das formas que o leite pode influir no risco de sofrer de câncer é aumentando a quantidade de IGF-1 no sangue.

As pessoas com diagnóstico de câncer podem se preocupar pelo fato de que o consumo de leite aumenta a concentração de IGF-1 no sangue, porque, por sua vez, o IGF-1 estimula a multiplicação de células cancerígenas.

O leite produz outros câmbios químicos no corpo também, alguns dos quais estão relacionados com tipos de câncer específicos. Em geral, estes mecanismos estão relacionados não somente com a probabilidade de desenvolver câncer, mas também com a rapidez com que se multiplica e propaga uma vez já manifestado.

O leite pode ter o hormônio do crescimento recombinante dos bovinos, o rBGH, nos Estados Unidos, francamente cancerígeno para próstata, mama, ovário e intestino.

Conclusão: De acordo com o Dr. Collin Campbell, M.D. da Cornell University, o IGF-1 pode ser um bom indicador do risco de CP – câncer de próstata.

O leite interfere na ativação da vitamina D no corpo. A vitamina D é realmente um elemento que ajuda o corpo a absorver cálcio do trato digestivo. Também protege a próstata contra o câncer.

Normalmente é produzida pela ação da luz solar sobre a pele, como falamos no capítulo da vitamina D, podendo provir também da alimentação. Porém, estas formas da vitamina são precursores inativos. Para funcionar como vitamina D em toda sua capacidade, deve passar primeiro pelo fígado e depois pelos rins para que a sua estrutura molecular sofra alguns câmbios.

E é aqui que os produtos lácteos convertem-se num problema. Ao que parece, ao inundar a corrente sanguínea, a carga de cálcio que contém os produtos lácteos avisa ao corpo que, como já há cálcio demais no sistema, o corpo não necessita ativar a vitamina D para tratar de absorver um pouco mais de cálcio. Em outras palavras, o corpo reduz a ativação de vitamina D de maneira que não absorva mais cálcio, já que pode ser tóxico em doses excessivas.

O resultado de tudo isto é que os alimentos ricos em cálcio podem diminuir substancialmente a quantidade de vitamina D ativada no sangue, e dado que a vitamina D é essencial para manter uma próstata saudável, um menor nível de vitamina D no sangue poderia significar um aumento considerável de risco de desenvolver câncer.

Na realidade, os pesquisadores descobriram que existe uma verdadeira associação entre os menores níveis de vitamina D no sangue e o risco de câncer de próstata, sem falar da osteoporose.

É certo que algumas marcas de leite muitas vezes o enriquecem com vitamina D, mas na forma de precursor inativo, ou seja, totalmente inútil, e o consumo de produtos lácteos realmente suprime a ativação de vitamina D no corpo.

Pelo menos 16 estudos sobre as pesquisas realizadas em diferentes populações, incluindo os de Harvard, têm encontrado uma relação clara e definida entre o **consumo de leite e o câncer de próstata, além de outros como os de ovário, de mama e de intestino.**

LEITE E CÂNCER DE PRÓSTATA

Descobrimento de produtos alternativos aos produtos lácteos

Os norte-americanos e europeus cada vez mais acreditam na ideia de que o leite é uma bebida salutar devido à propaganda bem elaborada da indústria láctea, assim como a de cigarro passa a imagem de bem-estar. Porém os pesquisadores que trataram de entender porque as pessoas que consomem dietas ocidentais registram altos índices de câncer, perceberam que a culpa é não só da carne e de outros alimentos gordurosos, mas também dos produtos lácteos.

Em 1998, pesquisadores de Harvard informaram sobre os resultados obtidos com um grupo grande de profissionais da saúde. As pessoas que usualmente bebiam mais de duas porções de leite ao dia tinham um risco 60% maior de sofrer de câncer de próstata em comparação com as que geralmente evitaram consumir leite.

Se o leite põe em risco nossa saúde, porque não substituí-lo com leite de soja, de aveia ou de arroz.

A China tem baixa incidência de casos de câncer de próstata, como também baixo consumo de gordura. A gordura dos produtos lácteos é uma porção significativa da ingestão de gordura animal em muitas partes do mundo. Na China não se consome leite de vaca; é por isso que as chinesas têm um índice baixíssimo de câncer de mama.

Devemos considerar que o consumo de leite deve ser somente para os bezerros, os seres humanos **NÃO** devemos consumir laticínios. A evidência sugere que a entrada de cálcio, em lugar da própria gordura, poderia explicar a associação do câncer aos laticínios, fazendo com que o cálcio seja o carrasco da Vitamina D, eliminando-a do corpo, sendo que ela é imprescindível para manter o equilíbrio dos ossos, gengivas, dentre outras funções.

Outro efeito negativo do leite é a abundância de proteínas que, para serem metabolizadas e eliminadas pelos rins, precisam de cálcio; de onde o corpo tira o cálcio? **DOS OSSOS, portanto quanto mais leite se ingere, mais osteoporose aparece.**

Ao mesmo tempo, tem-se difundido a ideia de que somente o leite tem cálcio. **IGNORÂNCIA DIETÉTICA**, os vegetais verdes têm tanto ou mais cálcio que o leite, sem contraindicações. O cálcio pode ser encontrado em nozes, peixes como a acará, cundunda, farinha de peixe, gérmen de trigo, gergelim, flocos de cereais, melado de cana, molho de gergelim, feijão branco, couve, brócolis, sementes de girassol, salmão, sardinha, só para citar os mais abundantes em cálcio.

Sendo assim, como as vacas produzem leite com tanto cálcio para os ossos e só comem grama e forragens? E os cavalos? E o resto dos animais, qual deles toma leite? E por acaso têm osteoporose? Alguém pode pensar que a natureza seria tão restrita que não teria providenciado outra solução. Somente o ser humano acha que deve tomar leite porque desconhece a composição de tudo o que a natureza oferece.

A maioria esmagadora das pesquisas sugere fortemente que o aumento no consumo de leite está associado ao risco aumentado do câncer de próstata. Anexamos alguns dos trabalhos neste sentido.

Dieta parece ser uma especialização determinante na incidência de câncer de próstata

Em um estudo de casos-controle em Atenas, Grécia, produtos de leite, manteiga e óleos de semente foram positivamente associados ao risco de câncer de próstata, considerando que tomates cozidos e crus estão inversamente associados.

Entre grupos de alimentos principais, leite e laticínios também foram associados positivamente aos lipídios com alto risco para câncer.

Acrescente-se o fato de que a soja é uma importante fonte de isoflavonas. A quantidade de isoflavonas diárias para promover efeitos fisiológicos positivos para a saúde é de 60 a 100 mg/dia. Em países asiáticos onde se consome regularmente alimentos com soja, a ingestão de isoflavonas varia de 20 a 100 mg/dia.

Queijo e leite de soja		Leite de vaca, queijo e manteiga	
C O N T É M	Gorduras poli-insaturadas (Ácido linoleico e alfa-linoleico)	C O N T É M	Gorduras saturadas Ácido mirístico e Ac. palmítico
E F E I T O S	Diminuição do colesterol total. Diminuição do L.D.L. Aumento do H.D.L. Diminuição dos Triglicérides. Diminuição da adesividade plaquetária e tendência à trombose. Vasodilatação coronariana. Inibe arritmia cardíaca e fibrilação ventricular. Aumenta a sensibilidade à ação da insulina. Efeito inibidor do câncer. Proteínas vegetais diminuem a síntese de enzimas lipogênicas hepáticas.	E F E I T O S	Aumento do colesterol total. Aumento do L.D.L. Diminuição do H.D.L. Aumento das Triglicérides. Aumento da adesividade plaquetária e tendência à trombose. Vasoconstrição coronariana. Favorece arritmia cardíaca e fibrilação ventricular. Aumenta a resistência à ação da insulina. Efeito promotor do câncer. Proteínas animais: aumentam a síntese de enzimas lipogênicas hepáticas.

Capítulo 12

Insulina

Está demonstrado que a insulina é um fator promotor do crescimento dos tecidos gordurosos, musculares, cardíacos e vasculares do corpo.

Como um poderoso hormônio anabolizante a insulina estimula o crescimento das células do câncer, pelo menos em vários estudos importantes *in vitro*.

Por outro lado, outros elementos da síndrome metabólica como hiperglicemia (aumento do açúcar), hiperuricemia (aumento do ácido úrico) e aumento dos ácidos graxos livres, não ficou comprovado que tenham alguma ligação com os processos cancerígenos.

A insulina não determina o aparecimento do câncer, mas estimula o crescimento até converter-se em uma neoplasia clinicamente detectável, ou seja, não o gera, mas o faz desenvolver, como a testosterona.

Em habitantes da China e Japão, que foram viver nos Estados Unidos, ficou comprovado que podiam ter causas genéticas no aparecimento da neoplasia, mas só a desenvolveram pelo estímulo alimentar do excesso de carboidratos que elevou a insulina para poder metabolizar essa torrente de doces.

Não se pode detectar um ponto de câncer microscópico na próstata e não se pode predizer se vai evoluir ou ficar como incipiente, até que algum fator mitogênico (estimulante do desenvolvimento celular) importante como a insulina estimule-o e comece uma atividade que não estava prevista.

O aumento da insulina faz com que o fígado aumente o IGF-1 (*Insulin-like growth factor 1*), fator de crescimento celular, que também é um fator mitogênico e antiapoptótico. A função biológica da IGF-1, com o decorrer dos anos, aumenta o tecido gorduroso, dando lugar à obesidade visceral e, como consequência, determina o aumento da enzima aromatase que aumenta o estrógeno, o que também é um fator suspeito para o câncer.

O IGF-1 não é destruído pela pasteurização, pelo contrário isso o aumenta, ou seja, o IGF-1 do leite de vaca é mais um elemento para estimular o câncer, como foi dito no capítulo anterior sobre Laticínios.

Portanto, a insulina e outros hormônios tróficos são os fertilizantes ideais para o desenvolvimento do câncer. Já que as células da próstata têm receptores do IGF-1, deduz-se que estimule o crescimento do tumor. Laboratórios de pesquisa têm demonstrado que o IGF-1 estimula o desenvolvimento das células da próstata normal e tumoral.

Portanto, pode o IGF-1 vir a ser um exame detector como o PSA? June Chan, da Escola de Saúde Pública de Harvard, afirma que o nível alto de IGF-1 indica 2 a 4 vezes maior risco de **CP**. Os homens que têm de 300 a 500 ng/ml no sangue têm 4 vezes mais chances de desenvolver CP que os que têm entre 100 e 180 ng/ml.

A insulina também é um componente da Síndrome metabólica, junto com a hiperuricemia (aumento do ácido úrico), a hipertensão, a hiperglicemia e a dislipidemia. A hiperinsulinemia está, portanto, como promotora principal do câncer.

O nível da insulina pode ser um marcador interessante para o câncer, já que pode ser modificado por uma intervenção terapêutica e nutricional e, em consequência, reduzir o risco.

A orientação para obter esses resultados é variada, junto com atividade física diária de pelo menos 1 hora, junto com a dieta composta de pescado, frutas, verduras verdes obscuras, crucíferos, nozes, azeite de oliva, soja, etc.

A insulina deveria ser medida em todos os homens que possam vir a ter algum tipo de risco de câncer na próstata, ou com câncer em desenvolvimento.

Capítulo 13

Tomate e Brócolis: Combinação Antitumoral

Em um estudo europeu que envolveu ratos masculinos com adenocarcinoma de próstata, o consumo de uma dieta que continha brócolis e tomate demonstrou que o peso do tumor reduziu-se significativamente mais que com brócolis ou tomates isoladamente, e significativamente mais que o licopeno usado isoladamente. Foram comparados os efeitos das intervenções dietéticas diferentes aos efeitos da castração e terapia com drogas durante aproximadamente 22 semanas. Os resultados dietéticos mostraram 62% de redução no peso da próstata, na área do tumor, e no peso do tumor nos ratos castrados (um dos tratamentos para câncer de próstata).

Estes resultados apoiam as recomendações para consumir 5-10 porções de frutas e legumes ao dia e demonstram o maior efeito de consumir alimentos inteiros em lugar de únicos componentes, como o licopeno. Considerando o fato que muitos pacientes com câncer de próstata de crescimento lento são tratados com espera em alerta, estes resultados encorajam tais homens a aumentar o consumo de legumes e incorporar brócolis e tomates na sua dieta regular.

Tomate e brócolis combinados foram mais eficazes que isolados para reduzir a velocidade do crescimento do tumor. Para melhorar a saúde recomenda-se aumentar o consumo de uma variedade de componentes vegetais.

Capítulo 14

Licopeno

O licopeno, nosso amigo que dá a cor e o gosto às pizzas e às massas, é um antioxidante formidável, tecnicamente um carotenoide encontrado no tomate dentre outros alimentos vermelhos. Ele protege a próstata contra o câncer, além de outras várias funções protetoras para o organismo como antioxidante.

Trabalhos e estudos para demonstrar suas funções foram numerosos. Os pesquisadores mantiveram o seguimento dos casos de câncer dos participantes entre 1986 e 1998. Os participantes preencheram questionários dietéticos em 1986, 1990 e 1994. Ao longo do seguimento de 12 anos, 2.481 homens desenvolveram câncer (5%).

Ao analisar os dados entre 1986 até 1998, os pesquisadores descobriram um prévio resultado em que se mostrou que a ingestão de tomate em forma de molhos e derivados de forma frequente, ou suplementar por meio de ingestão de licopeno, estava associada a uma porcentagem reduzida de casos de câncer.

O PODER ANTIOXIDANTE DO LICOPENO

É o licopeno quem dá a cor vermelha ao tomate, à melancia, à goiaba vermelha, ao mamão, ao morango, à cereja e à pitanga.

A goiaba detém grande variedade e concentrações de vitaminas essenciais à saúde humana, com qualidades reconhecidas internacionalmente por instituições especializadas e de renome internacional, como a USDA, que a indica desde 1998, como a melhor fruta para o consumo humano.

A presença do licopeno na goiaba aliada às vitaminas A, B1, B2, B6, C, E, das fibras, da niacina e do zinco contribuem para que esse conceito de fruta mais completa seja disseminado e reforçado pela comprovação da capacidade de prevenção de alguns problemas de saúde. Em relação à biodisponibilidade, verificou-se que o consumo de molho de tomate aumenta as concentrações séricas de licopeno em taxas maiores do que o consumo de tomates crus ou suco de tomate fresco. A ingestão de molho de tomate cozido em óleo resultou em um aumento de 2 a 3 vezes da concentração sérica de licopeno um dia após a ingestão, mas nenhuma alteração ocorreu quando se administrou suco de tomate fresco.

Essa diferença de biodisponibilidade está relacionada às formas isoméricas apresentadas pelo licopeno. Clinton *et al.* demonstraram que 79% a 91% do licopeno presente nos tomates e seus produtos encontram-se sob a forma do isômero trans (trans-licopeno), em contraste com os níveis de licopeno sérico e tissulares, que se encontra em mais de 50% na forma de isômero cis (cis-licopeno).

O licopeno ingerido, na forma natural (**trans**-licopeno), é pouco absorvido, mas os estudos demonstraram que o processamento térmico dos tomates e seus produtos melhoram a biodisponibilidade. O processamento térmico PROLONGADO rompe a parede celular e permite a extração do licopeno dos cromoplastos, ou seja, o tomate, para se transformar em licopeno biodisponível, precisa ser cozido e fervido durante bastante tempo, e com azeite, por isso as pizzas e o molho para as massas são o ideal.

Quem não resiste a uma boa macarronada de domingo tem mais um motivo para comemorar: a substância contida no tomate, o licopeno, responsável pela cor avermelhada do fruto, está sendo apontada como uma das formas mais eficazes na prevenção do câncer de próstata.

Um estudo realizado na Universidade de Harvard revelou que os homens que só consumiam duas porções de molho de tomate por semana tinham um risco 23% menor de sofrer de câncer de próstata do que aqueles que raras vezes consumiam produtos à base de tomate. Os homens que consumiam dez porções ou mais de produtos à base de tomate todas as semanas registraram uma redução de 35% no risco de desenvolver câncer e o mesmo ocorria quando os tomates eram consumidos na forma de molho para pizza, espaguetes ou ketchup. De fato, o processo de cocção libera o licopeno e aumenta a capacidade de absorção.

O tomate

O tomate é originário da América do Sul, provavelmente do Peru, onde existe em estado selvagem. Os astecas começaram o cultivo e o chamavam de *tomalt,* o fruto gordo. Foi levado para Europa pelos colonizadores espanhóis, onde surgiu no século XVI, na Espanha e Itália, sendo até hoje a base da alimentação italiana. Na América somente apareceu no século XIX.

Esta planta pode ser considerada um fruto ou uma hortaliça. Do ponto de vista da botânica, é um fruto, já que provém da fecundação de uma flor. Mas, do ponto de vista da horticultura, como as morangas, é considerado uma hortaliça, tanto pelo cultivo como pela utilização.

Uma determinação judicial estabeleceu esta nomenclatura nos Estados Unidos em 1893, perante uma petição de um comerciante que, para não pagar os impostos referentes à importação dos vegetais, insistiu que o tomate era um fruto, argumento negado pela Corte Suprema que o qualificou como uma hortaliça.

MECANISMOS DE AÇÃO DO LICOPENO

Apesar de não ser considerado um nutriente essencial, algumas pesquisas têm demonstrado que o licopeno pode trazer diversos benefícios para a saúde humana, pois é o principal carotenoide no sangue humano; o licopeno protege os lipídeos, proteínas e DNA do dano oxidante. Por ser um potente sequestrador do oxigênio *singlet* (uma forma reativa de oxigênio) tudo indica que tem propriedades antioxidantes comparativamente mais potentes que a maior parte dos outros carotenoides plasmáticos.

O interesse no licopeno e no potencial papel protetor sobre a carcinogênese iniciou quando Giovannucci *et al.* demonstraram uma relação inversa entre a ingestão de licopeno e a incidência de câncer. O consumo de alimentos ricos em licopeno, bem como uma maior concentração de licopeno no sangue, foram associados a um menor risco de câncer, principalmente de próstata. O licopeno é encontrado na próstata humana, sugerindo a possibilidade biológica de um efeito direto deste carotenoide na função da próstata e da carcinogênese. O licopeno é um eficiente inibidor da proliferação celular, sendo que os diferentes efeitos observados em várias condições poderiam ser determinados pela concentração de licopeno presente no local. O licopeno é bem distribuído em muitos tecidos do corpo, mas é no fígado em que mais se acumula.

Existem evidências de que o consumo de tomates e de seus produtos está associado à redução do risco de câncer e de doenças cardiovasculares. Sua proteção recai sobre lipídios, lipoproteínas de baixa densidade (LDL), proteínas e DNA (Guyen; Schwartz, 1999; Cramer *et al.*, 2001; Rao, 2002).

O licopeno também pode ser considerado protetor da visão por ser um carotenoide, como a luteína e a zeaxantina, e carece de atividade com respeito à vitamina A, ao contrário de outros carotenoides, como o betacaroteno e a betacriptoxantina, que são precursores da vitamina A.

Tanto o licopeno quanto seus homólogos já citados são protetores dos olhos, evitando os riscos da degeneração macular e da formação das cataratas.

Alimentos com conteúdo de licopeno (mg/100g peso seco)

Tomate fresco .... 3,1 – 7,74
Molho de tomate 15,9
Purê de tomate 17,5
Tomate processado 11,21
Suco de tomate processado 9,83
Sopa de tomate condensada 10,90
Pasta de tomate enlatada (extrato) 30,07
Ketchup 16,60
Melancia 4,80
Mamão papaia .... 2,0 - 5,30

O consumo de licopeno também está inversamente associado ao risco de infarto do miocárdio. A oxidação da molécula de LDL é o passo inicial para o desenvolvimento do processo aterogênico (de aterosclerose) e consequente doença coronária; embora exista um limite na evidência de que uma suplementação de licopeno possa reduzir os níveis de LDL-colesterol.

O licopeno tem sido considerado um eficaz e específico inibidor da proliferação de células cancerígenas, regulada por um elaborado processo chamado ciclo celular. A divisão celular rápida e descontrolada caracteriza o metabolismo de células cancerígenas, e a capacidade do licopeno de retardar a progressão do ciclo celular pode explicar sua competência em retardar a evolução de certos tipos de câncer, e o da próstata vem em primeiro lugar.

A inibição do contato é um dos mecanismos que controlam a divisão celular excessiva. Por este mecanismo, uma célula, num ambiente populoso, interromperá a multiplicação. Estruturas especiais na membrana celular, denominadas *gap-junctions*, funcionam como canais de comunicação entre as células.

Ele também atua em enzimas da fase II que auxiliam na eliminação de carcinógenos e toxinas do organismo. A modificação nos níveis de proteínas regulatórias está relacionada com a capacidade do licopeno de modular vários fatores de transcrição, que são a chave no processo de síntese de novas proteínas celulares.

Assim, sugere-se que o licopeno sintético, combinado com a vitamina E sintética, pode inibir o crescimento do câncer da próstata, e o PSA pode ser usado como biomarcador de resposta do tumor a este tratamento.

Agora os pesquisadores da Escola Médica de Harvard, em Boston, Massachusets, confirmam a validade desta suposição, mas somente após um que estudo envolveu mais de 22.000 médicos americanos masculinos entre 40 e 84 anos desde 1982. O propósito original do estudo era investigar os efeitos de suplementação do beta-caroteno (50 mg a cada dois dias). Porém, a disponibilidade das amostras de sangue armazenadas tornou possível investigar os efeitos de outros carotenoides. Em 1995, 578 homens tinham desenvolvido câncer de próstata. Estes foram emparelhados com 1.294 homens livres de câncer de acordo com a idade e o hábito de fumar.

Os níveis nas análises do sangue dos carotenoides e da vitamina E mostram que, com os mais altos níveis de licopeno e nenhuma suplementação de beta-caroteno, foi obtido 41% de risco mais baixo de câncer do que nos participantes com menores níveis de licopeno.

Nenhuma redução de risco associada a níveis de licopeno foi observada em médicos que receberam suplementação de beta-caroteno isoladamente, porém o beta-caroteno também parece ser protetor nos homens com altos níveis de vitamina E (alfa-tocopherol), pois apresentaram menor incidência de câncer de próstata *agressivo*.

Um estudo com várias dosagens de licopeno sintético e diversas concentrações de vitamina E apresentou como resultado que a combinação de licopeno e vitamina E em baixas doses produziu a maior inibição de tumor: -73%.

Foi particularmente evidente que a baixa dose de licopeno e vitamina E, a mais eficaz, demonstrou que mais não é necessariamente igual a melhor.

Muitos agentes farmacológicos e combinações naturais seguem uma curva de resposta de dose campaniforme que indica que doses muito baixas ou altas podem não corresponder ao melhor e que há uma dose ótima entre os dois extremos.

Então está recomendado certamente que todos os homens consumam regularmente alimentos ricos em licopeno e em vitamina E, por exemplo, todos os tipos de produtos de tomate processados, mamões, toronja rosa e melancia, goiaba, gérmen de trigo, grãos inteiros, mangas, legumes verde-escuros, nozes e azeites de oliva.

Claro que isto precisa fazer parte de um estilo de vida saudável e dieta com bastante legumes e outros alimentos saudáveis. O consumo regular de suplementos e uma dieta balanceada podem ajudar a obter quantias adequadas de licopeno e vitamina E, caso contrário pode ser difícil de obter.

Capítulo 15

Romã Detém a Progressão de Células de Câncer

Pesquisadores descobriram que o extrato da fruta romã inibiu o crescimento de células de câncer de próstata, provocando sua morte numa linha humana altamente agressiva; efeitos semelhantes foram causados quando se administrou em roedores.

O câncer é diagnosticado em homens de mais de 50 anos de idade, candidatos ideais para quimioprevenção, porque até mesmo uma demora modesta na progressão da doença, alcançada por intervenção farmacológica ou nutricional, pode modificar significativamente a qualidade de vida dos pacientes. Por conseguinte, os encarregados do estudo atual, como também outros cientistas, propuseram o uso de antioxidantes dietéticos como possíveis agentes quimiopreventivos.

A romã, produto da árvore *punica granatum*, possui fortes propriedades antioxidantes e anti-inflamatórias. Em um recente estudo foi demonstrado que o extrato dessa fruta inibiu o crescimento de células e induziu a apoptose numa cultura de células de câncer de próstata altamente agressiva.

A mesma equipe seguiu acompanhando a experiência da cultura dessas células com um estudo que testou a administração oral de uma dose aceitável de extrato de fruta de romã em ratos implantados com células humanas de câncer prostático. Em ratos tratados com extrato da romã havia uma inibição significativa de crescimento do tumor. Além disso, a romã também reduziu a secreção do antígeno prostático-específico (PSA) no soro dos animais.

Pacientes com Câncer de Próstata que receberam tratamento preliminar e que bebem suco de romã podem beneficiar-se.

Em um estudo com o antígeno prostático-específico crescente (**PSA**) após cirurgia ou radiação, os resultados indicam que o consumo diário de suco de romã pode reduzir a velocidade de progressão da doença.

Adicionalmente, as análises *in vitro* mostraram 12% de diminuição na proliferação e 17% em aumento da apoptose de LNCaP (células de câncer de próstata humanas) depois da intervenção do extrato. Além disso, um aumento significativo do óxido nítrico do soro em 23%.

Assim, os resultados deste estudo sugerem que consumo de suco de romã ajuda a retardar consideravelmente o crescimento do câncer de próstata nos pacientes, propiciando uma maior e melhor sobrevida.

Existe atualmente o extrato de suco de romã em preparados manipulados.

Capítulo 16

Soja

A soja é um grão rico em proteínas, cultivado como alimento tanto para humanos quanto para animais. A soja pertence à família *fabaceae* (leguminosa), assim como o feijão, a lentilha e a ervilha. A palavra soja vem do japonês shoyu. A soja é originária da China.

O alto consumo de soja reduz os riscos de câncer da próstata (CP) nos asiáticos e vegetarianos. Estudos *in vitro* focalizaram as duas isoflavonas mais abundantes na soja, a genisteína e a daidzeína, porém a daidzeína é diferentemente metabolizada pela microflora do intestino em humanos, rendendo compostos com bioatividade e meia-vida muito diferentes.

Estudos em humanos e animais mostraram que a isoflavona de soja pode ajudar a proteger do câncer, reduzindo a velocidade e até mesmo prevenindo a doença.

Como nas conclusões relativas ao câncer de mama em mulheres, grandes estudos epidemiológicos mostraram também que homens asiáticos que consomem quantias grandes de alimentos com soja têm uma incidência significativamente mais baixa de câncer comparada aos ocidentais.

Em um estudo de 2004, pesquisadores concluíram que produtos de feijão de soja, como também os dietéticos Far Eastern Orientais, como peixe e tofu, estavam associados a um risco menor de câncer nos japoneses. Homens que consomem as maiores quantias de feijão-soja e tofu têm 47% e 53% menos probabilidades, respectivamente, de desenvolver o câncer que os que consomem quantias menores. Além disso, em homens que consumiram a maior quantia do nato de feijão de soja fermentado, a incidência de câncer estava reduzida a notáveis 75%.

Estudos anteriores em animais mostraram que o efeito inibitório é provavelmente atribuível à isoflavona de soja. Pesquisadores da Escola Médica de Harvard estudaram ratos com células de câncer de próstata humanas transplantadas e concluíram que os que se alimentaram com uma dieta com alto conteúdo de isoflavonas de soja experimentaram regressão do tumor, comparados a ratos alimentados com uma dieta sem soja.

Pesquisas em animais, recentemente publicadas, dão forte apoio a esta hipótese. Em um estudo publicado em janeiro de 2004, pesquisadores da Universidade de Colorado alimentaram com **hexafosfato de inositol (IP6)**, um fotoquímico dietético encontrado em cereais, soja, legumes e outros alimentos ricos em fibras, a ratos que tinham sido injetados com células de câncer. Comparado aos controles, os ratos alimentados com IP6 exibiram supressão do crescimento do hormônio refratário de câncer de próstata em até 66% quando comparado aos sem a dieta enriquecida com IP6.

Em outro estudo publicado em março de 2004, pesquisadores japoneses avaliaram os efeitos da Fuji-flavona, um suplemento comercial de isoflavona derivada de produtos de feijão-soja, em carcinogênese de câncer no rato. Ratos que se alimentaram com dieta que continha Fuji-flavona mostraram significativamente uma incidência mais baixa de carcinomas do que os alimentados com dieta sem soja, levando à conclusão que isoflavonas na dieta podem ser promissoras na prevenção do câncer.

Enquanto estudos em animais são importantes no avanço do conhecimento científico, nem todos os resultados desses estudos são diretamente transferíveis aos humanos. Felizmente, estudos humanos, além dos relatórios epidemiológicos previamente difundidos, também dão apoio à teoria de que as isoflavonas de soja podem proteger os homens.

Um estudo prospectivo desenvolvido entre 1976 e 1992 em 12.395 homens em Loma Linda, Califórnia, concluiu que homens que beberam um copo de leite de soja mais de uma vez ao dia **reduziram** o risco de desenvolver o câncer em **70%,** comparados a homens que não o consumiram.

Até depois de ajustar várias estatísticas conflitantes, ficou confirmada a redução de 70%, levando os autores a concluir que o estudo sugere que os homens com alto consumo de leite de soja tenham menos risco para desenvolver o câncer. Este também pode ser o caso em homens que frequentemente consomem outros produtos de soja com conteúdo intato de isoflavonas.

Prevenção: A chave para boa saúde

Apesar de décadas de esforço e a despesa de bilhões de dólares em pesquisa, a guerra contra o câncer na América produziu pouco mais do que um beco sem saída crescentemente letal.

Enquanto os estabelecimentos médicos fixaram-se em diagnose de câncer e tratamento, uma legião crescente de pesquisadores está buscando novas abordagens, enfatizando a prevenção do câncer pelo uso de agentes de quimioprevenção naturais, como os encontrados em frutas e legumes.

Entre os mais poderosos destes agentes de quimioprevenção naturais está a soja e seus suplementos. Eles podem ajudar na prevenção de uma variedade de doenças significativas, inclusive de mama, de próstata e de cânceres de endométrio, como também doenças do coração.

Estudos novos sugerem que a soja pode prover proteção até mesmo contra o envelhecimento prematuro da pele, além de ajudar a abaixar a lipoproteína de baixa densidade, o prejudicial colesterol LDL. Na realidade, cada vez mais produzem-se pesquisas novas que anunciam que a soja é um inimigo notável contra as doenças e promove efeitos positivos na saúde.

Finalmente, em um estudo de 2004, cientistas japoneses pesquisaram se uma concentração alta de fitoestrogenos no soro reduziria o risco de câncer. Fitoestrogenos e hormônios sexuais foram medidos no soro.

Este estudo claramente estabeleceu que níveis elevados no soro dos três fitoestrogenos avaliados, genisteína, daidzeína e equol, apresentaram efeito protetor forte contra o câncer.

Homens com níveis circulantes mais altos de genisteína, daidzeí-na e equol reduziram o risco de câncer em 62%, 57% e 66%, respectivamente.

Num outro estudo, homens com câncer de idades similares, foram comparados com um número igual sem câncer em três áreas do Japão. Foram examinados os participantes similares em altura, peso, fumo, atividade física, história médica e dieta durante cinco anos antes do diagnóstico. Os casos forneceram informações sobre a quantia e frequência de ingesta de alimentos e bebidas derivados do feijão de soja, inclusive tofu, natto, missô e leite de soja. Foram calculados a isoflavona total e a genisteína e a daidzeína, como também ácidos graxos, proteína, carboidrato, vitamina e conteúdo mineral.

Acredita-se que o mecanismo das isoflavonas contra a doença envolve mecanismos como a apoptose e a inibição do crescimento das células de câncer.

Soja pode abaixar o nível de PSA

Em um estudo piloto randomizado e cruzado, em que os participantes tinham um consumo diário de duas porções de soja, foi observada a redução dos níveis do **Antígeno Prostático Específico (PSA)**, enquanto os níveis de testosterona permaneceram inalterados.

Os pacientes receberam uma dieta alta ou baixa de soja durante três meses. Depois de um período de descanso de um mês, manteve-se a dieta durante outros três meses.

Os pacientes fizeram testes de sangue e de urina e foram analisados testosterona e níveis de PSA, bem como excreção de isoflavona urinária respectivamente.

A ingesta de isoflavona dietética aumentou significativamente a excreção de isoflavona urinária nos casos em que se consumiu a dieta com alto teor de soja, comparado à dieta com baixo nível de soja.

Uma diminuição de 14% nos níveis de PSA no soro foi observada nos casos com consumo alto de soja, comparados aos que consumiram pouca soja. A alta ingesta de soja não alterou os níveis de testosterona.

Assim, este estudo sugere que o consumo alto de soja pode abaixar significativamente o nível de PSA no soro.

Capítulo 17

Consumo de Soja e a Calvície Padrão do Homem. Equol

EQUOL

Um grupo de cientistas descobriu que uma pequena molécula, criada no intestino quando a soja é digerida, é um *blocker* (bloqueador) natural e poderoso de um hormônio masculino potente envolvido no câncer de próstata e na calvície padrão do homem.

Na realidade, a molécula chamada de equol, já que foi descoberta na urina de éguas em 1932, bloqueia o hormônio masculino dihidrotestosterona (DHT), que supostamente estimula o crescimento de próstata e causa a calvície padrão masculina.

O EQUOL É UM FLAVONOIDE DERIVADO DA DAIDZEÍNA PELA FLORA BACTERIANA DO INTESTINO, DERIVADO DAS ISOFLAVONAS DA SOJA.

"Esta molécula é notável", diz Kenneth Setchell, Ph.D., diretor da Clínica de Spectrometria no Hospital de Crianças de Cincinnati, Centro Médico que primeiro identificou o equol 20 anos atrás em humanos.

Estes resultados são de imensa importância clínica porque, bloqueando a ação do potente andrógeno (hormônio masculino), o DHT, foi um achado da indústria farmacêutica como uma estratégia para tratar o câncer de próstata e outras doenças relacionadas. Este metabólito natural feito de isoflavona de soja encontrado em quantias altas no feijão de soja é muito eficaz.

Em anos recentes, a indústria farmacêutica desenvolveu uma droga (finasteride) que inibe a enzima 5 alfa reductase que converte a testosterona em DHT, com alguns efeitos colaterais, não graves. Por outro lado, o Equol não impede o DHT de ser produzido, mas impede-o de funcionar. Põe algemas no DHT, enquanto o impede de ligar-se ao receptor do andrógeno, bloqueando assim o crescimento da próstata.

Isto pode ser particularmente importante para os homens que têm a próstata aumentada (hiperplasia prostática benigna, ou HPB) ou até câncer.

"Inativando o DHT sem influenciar na testosterona, permite ao equol a capacidade para reduzir muitos dos efeitos prejudiciais dos andrógenos sem afetar o benefício", disse Robert J. Handa, Ph. D., autor sênior do estudo e professor no departamento de ciências biomédicas na Faculdade de Medicina Veterinária do Estado do Colorado.

Duas experiências demonstraram que injeções de equol em ratos masculinos reduziram o tamanho da próstata. Em um estudo, os testículos de ratos masculinos eram extirpados, eliminando assim quase toda a produção de DHT. Quando os pesquisadores injetaram DHT nos ratos, as próstatas cresceram. Quando deram equol aos ratos, nada aconteceu. Quando injetaram equol e DHT nos ratos, o equol impediu o DHT de funcionar regularmente, como estimulador do crescimento da próstata.

Em outras palavras, o equol não mudou os níveis do hormônio, mas bloqueou completamente os efeitos de DHT em ratos. Isto poderia explicar porque os homens no Japão, que comem mais soja que os homens americanos, apresentam HBP igualmente ao envelhecimento, mas raramente desenvolvem câncer, de acordo com Dr. Setchell. Vários estudos em humanos demonstraram as vantagens de comer soja, pois reduz o risco de contrair o câncer, já citado no capítulo anterior.

A pesquisa estabeleceu a relevância do DHT no crescimento dos órgãos reprodutivos masculinos e determinou a importância do DHT na pele; é possível que o equol possa oferecer meios de controlar a queda de cabelo promovendo a pele saudável.

O autor que conduziu o estudo foi o Dr. Trent Lund, professor assistente no departamento de Ciências Biomédicas na Universidade do Estado do Colorado.

Chá verde e equol

Estudos revelaram que os japoneses que vivem no Japão e coreanos que moram na Coreia podem ser divididos em produtores de equol e não produtores de equol. Os estudos ainda mostram incidência mais alta de câncer de próstata no grupo dos não produtores de equol. Foram examinadas as relações entre tipos de alimentos e capacidade de produção de equol em japoneses consumidores de soja e de chá verde.

CONCLUSÕES

Nossos resultados sugerem que o alto consumo de feijão de soja e chá verde esteja relacionado à capacidade na produção de equol.

Aproximadamente 60% dos homens vegetarianos produzem o equol contra só 25% dos não vegetarianos.

Os homens produzem três vezes mais equol que as mulheres, suponho que para combater a calvície, já que as mulheres não têm esse problema, ou seja, **comer carne pode produzir calvície.**

Capítulo 18

Reduzindo o Risco

O que separa o câncer de próstata de outras malignidades é o volume de homens que contraem a doença. Houve 180.000 casos novos diagnosticados no último ano, mas muito mais importantes são os resultados da autópsia que mostram que uma porcentagem significativa de homens tenha a doença sem sabê-lo.

Para homens que pretendem viver uma vida longa e saudável, dar os passos necessários para reduzir o risco do câncer torna-se uma parte importante de um programa de prolongação e melhoria de vida.

Notícias encorajadoras vêm de recentes estudos que indicam que certos suplementos dietéticos podem diminuir o risco de câncer de próstata em desenvolvimento dramaticamente, ou podem impedir que células de câncer latentes sejam impedidas de transformar-se em tumor desenvolvido.

De acordo com um estudo publicado no Jornal do Instituto de Câncer Nacional em 2006, 20.000 homens que apresentaram nível mais alto no sangue de gama-tocoferol (vitamina E) tinham cinco vezes menos probabilidades de adquirir ou desenvolver câncer da próstata.

O importante deste estudo particularmente significativo é que foi coordenado no Johns Hopkins School, a prestigiosa Escola de Saúde Pública que avaliou um grupo grande (10.456 homens) por um período de sete anos.

Além disso, concluiu-se que níveis mais altos de gama-tocoferol determinaram o risco de câncer significativamente reduzido; o estudo mostrou que o selênio e o alfa-tocoferol também reduziram a incidência de câncer, mas só quando os níveis de gama-tocoferol eram altos.

O gama-tocoferol é uma das formas da vitamina E que falta em quase todos os suplementos comerciais dessa vitamina. Quando são consumidas altas doses de alfa-tocoferol, desloca-se o gama-tocoferol que é extremamente importante para as células. Enquanto o alfa-tocoferol inibe a produção de radicais livres é o gama-tocoferol a forma de vitamina E exigida para apanhar e neutralizar os radicais livres.

Em um editorial que acompanha o relatório do Johns Hopkins, o Dr. Edward Giovannucci de Harvard chama os resultados da Escola Médica de razão adicional para otimismo, pois a vitamina E e outras combinações podem lutar contra o câncer e, como vimos antes, a associação com licopeno aumenta a eficácia.

Saw Palmetto pode ajudar a prevenir COX 2

Numerosos resultados de estudos demonstraram que o extrato de Saw Palmetto alivia os sintomas urinários associados ao aumento benigno da próstata e pode reduzir o risco de câncer.

Em dezembro de 2000, numa apresentação na Sociedade Americana de Biologia Celular, foi demonstrado que o Saw Palmetto (Serenoa Repens) inibe o crescimento de células do câncer no tubo de teste. Pesquisadores do Hospital de Crianças em Boston descreveram como usaram o Saw Palmetto para reduzir a velocidade do crescimento das células cancerígenas, e o efeito desta inibição do crescimento foi cinco vezes mais potente que outra linhagem de células testadas.

Um mecanismo novo identificado é que o Saw Palmetto reduziu a manifestação da Cyclooxygenase-2 (COX-2) nas células tumorais da próstata. Frequentemente as células de câncer usam o COX-2 como combustível biológico para a hiperproliferação, e drogas que inibem o COX-2 deveriam ser consideradas no tratamento adjuvante de certos cânceres.

A presença de COX-2 está associada a uma incidência aumentada de câncer na próstata, qualquer diminuição proveria uma base para a quimioprevenção do câncer e justificaria o consumo em longo prazo de extrato de Saw Palmetto.

Outros tratamentos devem ser mantidos, pois Saw Palmetto não significa a cura do câncer. É apenas uma perspectiva de tratamento promissor.

Quando se fala em prevenção de câncer, o Saw Palmetto provê mecanismos múltiplos, como modulação de hormônio e supressão de expressão de COX-2, o que pode prover uma redução do risco para o câncer.

Um enfoque completo

Há vários suplementos dietéticos que mostraram benefício potencial reduzindo o risco de câncer. O Licopeno obteve a maior publicidade como um componente de alimentação que reduz o risco de câncer, além de proteger contra a oxidação do colesterol LDL, que em caso terminal provoca o desenvolvimento da aterosclerose.

Além de licopeno, o Saw Palmetto, o selênio e o alfa e gama-tocoferol (vitamina E) parecem ajudar com efeito protetor contra o câncer.

De um ponto de vista dietético, o consumo de uma variedade ampla de frutas e legumes abaixa o risco, enquanto uma dieta de consumo com alta quantidade de gordura aumenta a incidência de câncer, como vimos ao longo do livro.

É aconselhado para os homens de 40 anos que façam um exame de PSA anual e toque retal para detectar o câncer em sua fase mais inicial, pois a taxa de cura é mais alta.

Por que a epidemia de câncer de próstata está aumentando?

A Urologia convencional defende frequentemente a prostatectomia radical ou terapia de radiação direcional como a terapia inicial. O resultado para muitos pacientes é que o câncer atravessa a cápsula da próstata e forma metástases em outras partes do corpo, e só então que o bloqueio de hormônio é iniciado como um paliativo, tentando obter os resultados de uma terapia curativa.

Relatórios favoráveis sobre modos, condutas, dietas, nutrientes para evitar o câncer emanaram de instalações médicas prestigiosas como Johns Hopkins, Harvard, Clínica Mayo e o Instituto Nacional do Câncer (Americano).

Apesar destes resultados positivos, nenhuma destas organizações está recomendando oficialmente que a população na verdade tome suplementos (como vitamina E) como sua própria pesquisa mostrou. Essa conduta poderia reduzir o risco de câncer, o que mostra um contrassenso nas atitudes dessas instituições.

Conclusões

Estudos epidemiológicos mostraram uma associação positiva entre consumo de carne e leite e câncer. A mortalidade por câncer de próstata em homens japoneses comparados aos norte-americanos pode ser de até nove vezes menor e em parte devido ao alto consumo de proteína de soja na dieta japonesa. A genisteína de isoflavonas e a diadzeína podem ser componentes importantes.

Um índice de 50% de diminuição na mortalidade de câncer total e uma redução na incidência da próstata em um grupo de homens que receberam 200 ug diariamente de selênio foi notável. A vitamina E inibiu o crescimento de células da linha de câncer de próstata. Foi demonstrado que o licopeno se acumula na próstata humana. A ingestão de licopeno foi associada à redução no risco de contrair ou desenvolver a doença. A 1,25-dihydroxyvitamin D inibe o crescimento e invasão de células cancerígenas.

O câncer é mais comum em países do norte quando comparados aos mais perto do equador. A mortalidade nos Estados Unidos é inversamente proporcional à exposição à radiação ultravioleta, geradora da vitamina D.

Foi demonstrado que a S-allylmercaptocisteína, uma substância química do alho, inibiu o crescimento de células de câncer em culturas de tecido.

Capítulo 19

Resveratrol e Outros Protetores

(I3C - Quercetina – Chá Verde – Deguelin)

Desde a Antiguidade, mais ou menos 5.000 anos a.c., a civilização tem como um elemento ligado à cultura a bebida de compostos derivados de frutas que geralmente possuem um teor alcoólico pela fermentação, como o vinho. É tão importante que tem até um deus no Olimpo, Dionísio, que logo foi o Baco romano, os cultores, representantes e divulgadores da videira e do vinho.

Durante séculos o vinho foi indicado como terapêutica para diversas doenças. Hipócrates foi um deles, ao afirmar que "o vinho é um elemento adequado para o homem, tanto na saúde quanto na doença, segundo a constituição de cada indivíduo administrado de maneira pertinente e na medida justa". O difícil é estipular a medida justa!

Nas doenças cardíacas, considera-se que o vinho tinto controla as patologias coronarianas; veja-se o exemplo da França, que ingerindo as mesmas gorduras que o Reino Unido e os Estados Unidos, têm a metade das mortes por causas cardíacas, seguramente pelo consumo de vinho; o paradoxo francês, a apologia do vinho.

Como tudo na vida tem que ser feito com prudência, o excesso de vinho tem o efeito contrário: cirrose, câncer de estômago, de cólon, de fígado, polineurite alcoólica etc.

Notícias boas para homens preocupados com o câncer: o resveratrol é um suplemento que bloqueia o câncer em todas as fases, do princípio ao fim. Um polifenol encontrado nas uvas e outras plantas, o resveratrol foi identificado primeiro como protetor multiestágio em 1997, e agora é considerado um agente principal contra o câncer de próstata por vários pesquisadores em várias partes do mundo.

O resveratrol resolve mais que uma dúzia de mecanismos anticancerígenos diferentes e seletivamente focaliza as células de câncer. Este único suplemento modula os hormônios, tem vários mecanismos que detêm a multiplicação das células de câncer e até mesmo tem a capacidade para destruí-las.

O resveratrol ficou conhecido originalmente quando os pesquisadores sugeriram que é o agente do vinho que protege contra doenças do coração. Por causa dos antioxidantes e ações anti-inflamatórias, o resveratrol foi investigado como um possível suplemento anticancerígeno. Considerando que a pesquisa começou de forma mais séria nos anos noventa, o resveratrol foi o assunto de centenas de documentos científicos, tornando-se um dos suplementos mais intensamente estudados no mercado hoje, seja como terapêutica, seja como *In Vinho Veritas*. Para os apreciadores do vinho, a uva merlot é a que tem mais resveratrol.

Em uma revisão de resveratrol, a Universidade de Wisconsin estabeleceu seis critérios que um agente anticancerígeno bom deve ter:

A) Que não tenha nenhum efeito tóxico em células saudáveis.
B) Que aja contra tipos diferentes de cânceres.
C) Que seja administrado oralmente.
D) Que atue por mecanismos de ação conhecidos.
E) Que seja barato.
F) Que seja aceitável aos seres humanos.

O resveratrol cumpre todos os seis critérios.

Efeito preventivo de câncer

A idade, as substâncias químicas, a radiação e outros fatores podem submeter a capacidade do corpo de contrariar as células anormais que podem progredir silenciosamente para o câncer. Este aspecto invisível de câncer é importante. Como um grupo de trabalho da Associação Americana para Pesquisa de Câncer declarou:

"Precisamos de um esforço educacional intensivo para convencer as pessoas que a ausência de sintomas clínicos não garante que se é saudável".

A melhor estratégia contra o câncer é a prevenção. Aumentando a depuração natural do corpo com o bom funcionamento dos órgãos de excreção (intestino, rins) e corrigindo os mecanismos que impedem o bom funcionamento, pode impedir-se que as células de câncer se formem e destruí-las imediatamente enquanto se formam. Se o paciente já foi tratado de câncer, prevenir o retorno é de superlativa prioridade.

O resveratrol é um suplemento quimiopreventivo que previne danos ao DNA e destrói as células de câncer, desde as mais jovens até as mais avançadas fases, tanto em humanos como em modelos animais experimentais.

Um aspecto notável do resveratrol é que pode ser muito tóxico para as células de câncer, mas não prejudica as células saudáveis; na realidade, uma pessoa que toma resveratrol para proteção contra câncer de próstata pode receber benefícios cardiovasculares como um efeito colateral, fazendo do tratamento um gostoso prazer! Mas, cuidado com o fígado, ele tem certa tolerância que, se ultrapassada, sobrevém a cirrose, que é, nem mais nem menos, que o que se conhece como gordura no fígado, ou a esteatose que aparece habitualmente nos ultrassons.

Outro aspecto importante do resveratrol é que pode ser combinado com outros fitofatores para aumentar os efeitos potenciais. O resveratrol existe naturalmente com outros polifenóis como a quercetina em frutas como as uvas.

A quercetina pode aumentar a disponibilidade do resveratrol e os efeitos mortíferos contra o câncer. Outro extrato de planta com função anticancerígena é o indol-3-carbinol, ou I3C, que pode trabalhar sinergicamente com o resveratrol e matar mais células de câncer porque o I3C detém o crescimento da célula em certo ponto do ciclo da célula enquanto o resveratrol para em outros pontos.

O Indol-3-carbinol mostrou resultados impressionantes na luta contra os hormônios que aumentam o crescimento do câncer.

O I3C é convertido em vários produtos, inclusive diindolilmetano, ou DIM. Foram mostrados vários metabolitos de I3C que têm efeitos benéficos diferentes. O resveratrol também é reconhecido pela capacidade de modular o estrógeno, a testosterona e outros andrógenos.

Entre outras coisas, o resveratrol reverte o aumento do antígeno prostático-específico (PSA) em células de câncer. Foi feito um estudo em que se demonstrou que em quatro dias de tratamento com resveratrol foram reduzidos os níveis do PSA em células de câncer em 80%.

Somente por bloquear o crescimento celular e por estimular os hormônios já poderia justificar-se o uso do resveratrol e o I3C contra o câncer, mas eles fazem mais.

Regulando os genes

A mais recente tendência em cancerologia e pesquisa nutricional está examinando como um fitocomponente determinado afeta os genes, usando uma ferramenta nova conhecida como microdisposição do DNA. A microdisposição revela os efeitos de uma combinação ao mesmo tempo em milhares de genes. Microdisposição para resveratrol e I3C em que ambas as combinações mostram efeito notável em genes relacionados ao câncer. Entre outras coisas, estes fitocomponentes ativam genes supressores de tumor, outros genes que destroem células de câncer e genes que desintoxicam substâncias químicas. Também suprimem genes que possibilitam às células de câncer comunicarem-se com outras. Esta capacidade de penetrar nas células de câncer e ativar ou desativar genes é uma arma poderosa contra o crescimento do câncer. A capacidade de mostrar estes efeitos sem toxicidade, como o resveratrol e o I3C, torna-os extremamente eficazes como agentes quimiopreventivos.

Ação terapêutica do Deguelin

Em 2003, um novo composto contra o câncer chamado Deguelin causou alarde no mundo médico. O Deguelin, como o resveratrol, é sintetizado por meio de certas plantas como uma defesa natural contra pestes. Foi usado como um praguicida natural por indígenas durante séculos. Suas ações anticancerígenas contra tipos diferentes de câncer (foram testados e com sucesso para pulmão, cólon, mama, pele) até agora foi o que estimulou muitas pesquisas contínuas consideráveis.

Todo o crescimento da célula, inclusive o crescimento da célula de câncer, envolve uma enzima conhecida como ornitina descarboxilase. O deguelin, como o resveratrol e o I3C, bloqueiam esta enzima. Das 90 combinações potenciais anticancerígenas testadas em um estudo pelo Instituto Nacional de Câncer, o I3C era um dos oito considerados positivamente em todos os seis testes de atividade, inclusive a supressão da ornitina descarboxilase.

Neutralizando carcinógenos

Em uma referência *per capita*, os japoneses fumam muito mais que os norte-americanos; contudo o risco de os japoneses contraírem câncer de pulmão é aproximadamente 10 vezes menor do que os norte-americanos. Alguns pesquisadores acreditam que o consumo difundido de chá verde no Japão pode explicar esta diferença. Foi demonstrado que os polifenóis do chá verde previnem danos do DNA, bloqueiam os carcinógenos e aumentam as enzimas antioxidantes (nutrigenômica).

O resveratrol e seus polifenóis também protegem o DNA, bloqueiam a causa do câncer por substâncias químicas e radiação e controlam os radicais livres e a inflamação. São mais poderosos como antioxidantes que a vitaminas C e E.

O Resveratrol ativa o mesmo gene anticancerígeno ativado por drogas anti-inflamatórias (Aines). Em um recente estudo, o resveratrol, junto com a quercetina e o curcumin, demonstraram ser os agentes anticancerígenos mais poderosos dentre 22 combinações anexadas a uma bateria de testes.

Uma plêiade de evidências sugere que a dieta pode ajudar a determinar se um homem contrairá câncer de próstata e de intestino e se sobreviverá a isto. A alimentação vegetal protege contra o câncer enquanto os alimentos animais tendem a estimular o câncer.

Podem os efeitos negativos dos alimentos animais ser compensados por meio da alimentação vegetal? Estudos de Adventistas do Sétimo Dia sugerem que é improvável. Os Adventistas são vegetarianos, mas consomem quantias grandes de produtos lácteos e sua taxa de câncer de próstata é alta. Um estudo publicado no Jornal do Câncer mostra que consumindo três ou mais copos de leite por dia, pode vir a dobrar o risco de câncer de próstata.

Outros estudos mostram que hormônios implantados no gado são mais fortes que os hormônios naturais do corpo humano e os suplementos podem não ser ativos o suficiente para superar este tipo de exposição química.

Embora uma conexão entre câncer de próstata humano e drogas de implante de gado não tenha sido estabelecida ainda, as evidências são fortes. De forma interessante, a vitamina D3, proposta como um tratamento para o câncer, antagoniza-se aos efeitos dos implantes do gado.

Em países europeus, como França e Suíça, são proibidos os implantes de hormônio de gado, a incidência de câncer é 50% menor que nos EUA; na Itália e Grécia é aproximadamente 75% abaixo dos níveis dos EUA, pois os homens gregos e italianos têm no vinho tinto uma dose considerável do bom protetor que é o resveratrol.

Capítulo 20

Selênio - Estudos da Escola Médica de Harvard

SELÊNIO - SU.VI.MAX

O selênio (Se) ativa uma enzima antioxidante chamada glutationa peroxidase que protege o organismo contra o câncer. O selênio também induz a apoptose das células de câncer – programação da morte das células. Mesmo em populações não deficientes o Se ajudou aumentando a atividade imunológica dos leucócitos, na melhora da hepatite e ativando a função das tireoides. Também foi demonstrado em estudos duplos cegos que o selênio aumenta a função das células espermáticas e aumenta o poder antioxidante da vitamina E.

As fontes mais comuns são nozes, castanha-do-pará, grãos integrais como granola, peixes como salmão, cogumelos, levedura como gérmen de trigo, carnes e ovos.

Um estudo do NCI (National Cancer Institute) acha que os níveis de selênio mais altos estão associados a um risco reduzido de câncer avançado.

Um estudo de 2004 no Jornal do Instituto Nacional do Câncer comunicou que homens, cujos níveis de selênio no plasma estavam altos, tiveram um menor risco de desenvolver câncer avançado. Os autores do estudo acreditam que isto pode indicar que os níveis de selênio mais altos podem reduzir a velocidade e progressão dos tumores.

O grupo de pesquisa descobriu que os níveis de selênio do plasma estavam inversamente associados ao risco de desenvolver um avançado, mas não localizado, câncer na próstata. Níveis de selênio altos estão associados a um risco mais baixo de desenvolvê-lo em homens cujos níveis de PSA são maiores que 4 nanogramas por mililitro, e particularmente para aqueles cujos níveis de PSA são 10 ng/mL ou maior.

Em um editorial de acompanhamento, da Universidade de Texas, do Centro Anderson de Câncer foi comunicado que os dados epidemiológicos novos em selênio continuam apoiando as impressões iniciais do tremendo potencial deste agente como um preventivo para o CP.

É importante também para o tratamento de várias doenças como artrite reumatoide, lúpus eritematoso, aterosclerose, mal de Alzheimer, menopausa, psoríase, esclerose múltipla, alterações na tireoide, etc.

Sua deficiência pode provocar doenças como infarto de miocárdio, hipertensão, aterosclerose, infertilidade, impotência sexual, catarata, degeneração macular, retinopatia diabética e hipotireoidismo.

O selênio ainda colabora para o bom funcionamento da tireoide na atividade enzimática da glutationa peroxidase, protegendo os alvéolos pulmonares nos fumantes, inibindo a elastase, que ocasiona a DOC (Doença Obstrutiva Crônica).

Avaliação do câncer

Além dos testes de laboratório, do exame físico e de procedimentos investigativos para detectar a presença ou não de câncer de próstata e outras doenças, um plano de ação para prevenir o desenvolvimento deveria ser considerado. Estes tipos de medidas podem ser preventivas ou defensivas. A medida mais aparente relaciona-se ao que comemos e bebemos.

Não há nenhuma dúvida que o que pusermos em nossos corpos relaciona-se à saúde de nossas células.

É óbvio que a ingestão de alimentos está associada aos sentidos da visão, cheiro e gosto; porém em um nível de sobrevivência, a alimentação é a fonte de combustível necessária para todas as células do corpo humano. A qualidade e quantidade de alimentos, água e ar que pusermos claramente em nossos corpos têm ramificações importantes.

Medidas para prevenir o CP deveriam ser rotinas de orientação médica aos pacientes. O consumo de selênio deveria ser considerado na prevenção de CP ao longo do mundo. Baixo selênio no plasma está associado em quatro a cinco vezes ao aumento do risco de CP.

Além disso, os níveis de selênio no plasma também diminuem com a idade, assim homens de meia-idade possuem risco mais alto para baixos níveis de selênio. Idealmente, a referência do selênio deveria ser obtida antes de começar a suplementação rotineira deste micronutriente. A primeira avaliação deveria ocorrer por volta dos 25 anos e depois deveria ser medida a cada 10 anos.

Um amplo estudo de quase 11.000 homens em Maryland mostrou que os efeitos protetores de níveis altos de selênio só foram observados quando as concentrações do alfa-tocoferol ou o isômero da vitamina E também eram superiores.

Este estudo mostrou que os pacientes tinham menos risco de contrair câncer quanto mais alto estivesse o nível de selênio e apresentaram uma redução 5 vezes maior no risco de CP em desenvolvimento do que os homens com nível mais baixo.

Anos atrás, um artigo publicado no Jornal da Associação Médica Americana apresentou os benefícios do selênio relativo à redução do risco da incidência de câncer e mortalidade.

O estudo duplo cego envolveu mais de 1.300 homens e mulheres nos EUA e concluiu que a forma orgânica de selênio (selenomethionina) reduziu a incidência do câncer em desenvolvimento em 47% e a mortalidade foi reduzida em incríveis 65 pontos percentuais.

Os estudos que revelam os tremendos benefícios de selênio continuam aparecendo. Em um estudo publicado em 2006, no Jornal Europeu do Câncer, uma meta-análise foi executada para determinar se os homens com baixos níveis de selênio teriam aumentado o risco de câncer em desenvolvimento.

Outro estudo, publicado também em 2006, no Jornal Internacional de Urologia examinou um grupo de população com câncer de bexiga comparado a controles. Foi descoberto que esses indivíduos com níveis de selênio no soro mais altos tiveram 70% de redução em incidência de câncer de bexiga comparados àqueles com os mais baixos níveis de selênio no soro. Os autores concluíram que os estudos dos casos controlados sugeriram uma associação inversa entre a concentração de selênio no soro e o risco de câncer de bexiga em desenvolvimento.

Mais de 100 estudos em animais detectaram os efeitos do selênio nos mecanismos responsáveis para engatilhar o câncer. Na maioria abrumadora destes estudos, o selênio reduziu a incidência do tumor e mudanças de tecido que conduzem fortemente ao câncer.

Selênio previne e reduz a velocidade do câncer

Um estudo que teve um resultado inesperado foi de um projeto para examinar o impacto do selênio em câncer de pele. Neste estudo para a Prevenção Nutricional do Câncer os participantes receberam selênio diariamente ou um placebo. Não foi apresentado nenhum efeito contra o câncer de pele, mas em compensação demonstrou resultados positivos na prevenção do CP.

O risco global foi de quase 50% abaixo no grupo suplementado em relação aos controles, o resultado era só significativo em homens que tiveram relativamente baixo nível de antígeno prostático-específico (PSA) e baixos níveis de selênio iniciais.

Este resultado estimulou uma reanálise de dados do estudo SU. VI. MAX (Suplementação em Vitaminas e Minerais Antioxidantes) com um enfoque específico para CP. Dentro do grupo os homens tomaram o suplemento contendo selênio ou placebo durante oito anos e marcadores bioquímicos de doença de próstata foram medidos no princípio e no fim do estudo. Uma redução leve no risco do câncer foi informada; porém entre os homens que tiveram o nível de PSA normal ao início do estudo, uma redução de risco significativo de quase 50% foi registrada, ou seja, neste estudo manifestou-se a verdadeira medicina preventiva.

Outro estudo de 2005, focalizado nos efeitos preventivos do selênio em câncer de próstata, confirma este efeito protetor. Pacientes com câncer inicial tomaram selênio, vitamina E, na forma de L-selenomethionine e vitamina E ou um placebo durante três a seis semanas antes de sofrer prostatectomia. Níveis de marcadores de câncer foram medidos e comparados com casos de controle saudáveis. O resultado surpreendente foi uma mudança na classificação de canceroso para saudável nos marcadores do soro da doença nos homens que tomaram suplementos em comparação com aqueles que não o fizeram.

Além do papel claro de prevenção do câncer, o selênio pode reduzir a velocidade de progressão do câncer já estabelecido. Em um teste de seis semanas, foi dado a homens com câncer e níveis de PSA crescentes um placebo ou um suplemento antioxidante que continha selênio, estrógenos de planta e outro antioxidante. No grupo suplementado o nível do hormônio masculino, a testosterona – atribuída supostamente a estimular o crescimento do câncer da próstata – foi mais baixa durante o tratamento. Além disso, o nível do PSA livre aumentou com o tratamento do placebo, mas diminuiu com a suplementação do antioxidante.

Em países com selênio alto na terra os habitantes podem consumir até 500-750mcg de selênio por dia. Selênio é essencial para a produção de glutationa peroxidase, o mais poderoso varredor de radicais livres.

O selênio é seguro em níveis mais altos – como o cromo – até aproximadamente 1mg. Dada a epidemia de câncer presente, recomendo habitualmente pelo menos 400mcg por dia para aqueles com risco de câncer, e talvez 400-1.000mcg por dia para esses com câncer ativo.

Conclusão: o selênio pode beneficiar a próstata envelhecida diminuindo a acumulação de dano no DNA das células com alteração epitelial, mesmo antes que mostrem mudanças citotóxicas, sugestivas de malignidade.

Capítulo 21

Terapias em Geral

Genisteína

A genisteína é usada como um agente efetivo para inibir a capacidade dos cânceres metastáticos hormônio-dependentes. Em um sistema de cultura de células, a genisteína parecia ser citotóxica e inibitória da proliferação de células de CP (Geller *et al.*, Próstata, 1998). A genisteína e os produtos da soja exercem um papel principal em CP estabelecido. As células de câncer usam uma enzima chamada tirosinaquinase, como um fator de crescimento. A genisteína de soja é um inibidor potente da atividade da tirosinaquinase, um estimulante do desenvolvimento das células de próstata humanas, e pode contribuir para a degeneração em câncer.

O uso da genisteína diminui a adesão celular, lentifica a proliferação e diminui o potencial de metástase.

A incidência do CP é mais alta no mundo Ocidental do que na Ásia, pois a soja é consumida como parte da dieta normal e são produzidos níveis mais altos de genisteína no sangue.

As refeições deveriam conter produtos de soja como tofu, feijões de soja (edamame), leite de soja e missô. O café da manhã deve conter leite de soja, pó de soja e morangos. Enfim, acreditamos que a fonte principal de proteína em nossa dieta dever vir da soja.

Mudança de Estilo de Vida Previne e Trata o Câncer de Próstata

Restrição da entrada calórica

A dieta deveria ser considerada como tendo relevância bioquímica séria à saúde do indivíduo. A saúde é o reflexo do que as pessoas comem. A sociedade ocidental, e especialmente os Estados Unidos, são altos consumidores de calorias. Consumo calórico excessivo é um fator significativo que tem efeitos adversos para a longevidade.

A restrição calórica foi demonstrada como sendo um fator importante que aumenta o sistema imune e melhora a longevidade. É preciso avaliar quantos alimentos são necessários para se manter nutrido, deixando a gula de fora de nossos hábitos. O peso ideal de nosso corpo deveria ser levado a sério. Se as pessoas fizessem só isso, eliminariam virtualmente o diabete, a hipertensão, a hipercolesterolemia, o derrame, as doenças do coração e uma quantia significativa de câncer de nossas vidas, para falar em poucas doenças.

As pessoas deveriam esforçar-se para adaptarem-se a um esquema geral de 1.200 calorias por refeição e 200 calorias por lanche. Modificações desse esquema deveriam ser baseadas no nível de atividade, idade e área de superfície de corpo. Hardware dietético ou aconselhamento nutricional deveria ser parte integrante da abordagem à boa saúde.

No contexto do excesso calórico existem cofatores adicionais, como falta de exercício rotineiro e excesso de consumo de gorduras, farinhas e doces.

A Revolução dos Antioxidantes, de 1994, por Kenneth Cooper, M.D., enfatizou a associação causal em cima do excesso de exercício e a geração de radicais livres prejudiciais e com resultante aumento de doenças degenerativas e câncer.

Concordamos com Cooper que o exercício deveria ser de baixo impacto e que deveríamos usar varredores de radicais livres habitualmente, especialmente quando somos mais ativos fisicamente e certamente quando estamos expostos aos danos de radicais livres em excesso.

É irônico que levamos nossos automóveis para uma mudança de óleo periódica para remover os produtos do dano oxidante e do desgaste, uma manutenção a cada 10.000km sempre ocorre, mas não temos uma rotina semelhante para nossos próprios corpos prevenirem o estresse oxidativo envelhecedor destrutivo, que nos danifica e que ocorre devido ao desgaste que a vida cotidiana nos provoca.

Evitar a ingesta excessiva de carboidratos para prevenir a hiperinsulinemia e a geração de eicosanoides desfavoráveis é imprescindível.

O assunto de dietas de gorduras é significativo. Há estudos que mostram que a gordura dietética aumenta a taxa de crescimento de CP no modelo animal de CP humano.

Entretanto, a ênfase em gordura dietética *per se* chamou a atenção sobre o consumo calórico. Gordura em excesso está unida ao consumo excessivo de calorias, uma vez que a gordura contém duas vezes mais calorias que proteína ou carboidrato. A gordura provê nove calorias por grama; proteínas e carboidratos, quatro. Além disso, a relação de proteína para carboidrato em nossas refeições é relacionada com a reação de nosso corpo à entrada de alimentos e ao controle das calorias ingeridas.

O descontrole do consumo de calorias e de carboidrato leva à hiperinsulinemia, junto com a falta de atividade física. O gerador de radicais livres é o ácido graxo chamado ácido araquidônico, um eicosanoide desfavorável que, entre outras coisas, estimula o crescimento de células do CP, como já exposto.

Como parte do envelhecimento, veem-se as sequelas de tal oxidação manifestada pelo acinzamento dos cabelos, a diminuição da memória de curto prazo e da imediata, a formação de cataratas, a fraqueza e diminuição do tônus muscular, a diminuição da atividade sexual e da libido, as doenças vasculares, cardíacas, degenerativas das articulações e do sistema nervoso, como Parkinson, Alzheimer e esclerose, além de mudanças na pele induzidas pelo sol, pelo tempo, pelo estresse, variando desde rugas até esfolamento e câncer.

Capítulo 22

O Alho Repele o Câncer de Próstata

O alho e a cebola exercem um papel importante na saúde dos Homens.

O alho é um componente alimentar do grupo do *allium* que pode cortar o risco, de acordo com um recente estudo.

Legumes de *allium*, que incluem alho, cebola e alho-poró, podem ter um efeito protetor em pacientes com câncer. O alho (*allium sativum*) e a cebola (cepa de *allium*) são algumas das plantas mais velhas cultivadas no mundo utilizadas como alimentos; e o propósito dos médicos com o alho é o de reduzir o colesterol e melhorar a hipertensão.

Diversos estudos sugerem um efeito preventivo dos legumes de *allium* contra cânceres de estômago, de cólon-retal e de próstata. Em um estudo envolvendo 238 pacientes com câncer de próstata comparado com 471 casos de controle, foi demonstrado que os homens que consumiam mais legumes de *allium* (>10g/dia) tiveram uma diminuição de 50% no risco de câncer em relação aos que consumiam menos de 2.2g/dia de legumes.

O alho contém allicina que se libera nos dentes enquanto triturado.

O risco reduzido de câncer de próstata é associado a legumes de *allium* independente de outras variáveis, como peso e quantidade de alimentos. A atividade quimiopreventiva dos legumes de *allium* está relacionada às combinações de organosulfurados nestes alimentos.

Estes alimentos podem ter:

(I) Um efeito que metaboliza as enzimas, inclusive a glutationa transferase, a quinina redutase, que inativa substâncias tóxicas e aumenta a excreção pelo rim ou pelo fígado.
(II) Atividade antioxidante, inclusive preparações de alho, por exibirem um radical que limpa os efeitos e reduz a peroxidação lipídica.
(III) Inibição de crescimento de tumor, inclusive de células cancerosas.
(IV) Indução da apoptose.
(V) Estimulação das respostas imunes.

Consumir alho e cebola junto com brócolis faz um extrato de elementos anticancerígenos ideais para deter o câncer de diversos órgãos como próstata e cólon.

Num estudo ítalo-suíço, foi apurada a diminuição de 71% no risco de câncer de próstata com o consumo de cebola.

O consumo regular de alho e cebolas pode ajudar a prevenir o câncer de próstata localizado.

Capítulo 23

Apigenina

Um flavonoide dietético geralmente encontrado no aipo, salsa, alho, pimentão, camomila, alcachofra, manjericão e goiaba vermelha. Inibe o crescimento das células do câncer da próstata, de acordo com um recente relatório. Este componente, conhecido como apigenina, demonstra que uma dieta rica em frutas e legumes reduz os riscos de cânceres, tanto da próstata quanto de outros órgãos, como tireoides, ovário, mama.

Este bioflavonoide cítrico tem também ação anti-inflamatória e antioxidante, além de ser muito estudado em várias partes do mundo para combater os tumores de diversos órgãos.

Cientistas transplantaram uma linhagem de células de câncer humanas dependente de andrógeno em ratos criados para servir como um modelo para condições de crescimento do tumor. O crescimento do tumor foi medido duas vezes por semana após o transplante. Em seguida foram cortados os tumores e pesados ao fim do estudo. Em experiências paralelas, células de câncer de próstata foram cultivadas na presença de apigenina enquanto a viabilidade da célula era determinada.

A apigenina, administrada antes ou depois da inoculação, inibiu o volume de desenvolvimento das células de câncer, de acordo com a dose, entre 53% e 59% respectivamente. Juntos, estes resultados sugerem que a apigenina interfere parcialmente no estabelecimento de tumores e reduz a velocidade do crescimento de tumores estabelecidos. Semelhantemente, a exposição de células de câncer de próstata em cultura para apigenina durante 48 horas resultou na inibição do crescimento em até 67%. Não houve nenhum efeito adverso com a administração de apigenina.

As estratégias nutricionais para ajudar a evitar o câncer podem ser especialmente importantes em retardar o começo de tumores de crescimento lento, como acontece na próstata.

Capítulo 24

Beta-sitosterol

Comer frutas e legumes: a melhor pedida

O beta-sitosterol, um dos subcomponentes principais de um grupo de esteroles de planta conhecido como fitosteroles, é uma substância branca nacarada. Beta-sitosterol tem uma estrutura química bem parecida com o colesterol, só que de origem vegetal. Na realidade, o beta-sitosterol é achado em muitos óleos de plantas usados diariamente. Podemos encontrá-los em amêndoas, óleo, feijão de soja, farelo de arroz e, sobretudo, no abacate, a maior concentração de beta-sitosterol dentre todos os vegetais, 433mg a cada 100g do fruto. Além disso, o óleo de abacate é o melhor para cozinhar, já que altas temperaturas não o alteram, ou seja, não oxida. Também aumenta o nível do HDL e baixa o LDL.

Controlando o colesterol

Nos últimos 30 anos, o beta-sitosterol ficou conhecido por reduzir os níveis de colesterol de maneira segura. O beta-sitosterol tem semelhança química íntima com o colesterol o que lhe permite ser incorporado aos mamíferos e às membranas celulares, bloqueando a absorção do colesterol por inibição competitiva. Entretanto, somente 10% do beta-sitosterol é bem absorvido pelo corpo. Quando consumido efetivamente com o colesterol bloqueia sua absorção, resultando em níveis mais baixos de colesterol no soro. O beta-sitosterol também tem demonstrado agir favoravelmente nos níveis das lipoproteínas – HDL, LDL. Prova disso é a inclusão do beta-sitosterol nas margarinas. É por isso que o abacate, um fruto aparentemente gorduroso, é um potente regulador metabólico do colesterol e ao mesmo tempo um energético importante.

Promovendo a saúde da próstata

Várias preparações herbárias existem para ajudar a prevenir e tratar problemas da próstata como a hiperplasia de próstata benigna – HBP. Estas ervas incluem Saw palmetto, Pygeum africanum e urtiga dioica. Também são usadas frequentemente as sementes de abóbora por serem ocasionalmente benéficas na HPB.

Na Europa é frequente o uso das preparações herbárias. Este esterol de planta melhora os sintomas da próstata com problemas, melhora a qualidade de vida e reduz o volume de urina residual. Inacreditavelmente, apresenta benefícios eficazes sem reduzir o tamanho da próstata, agindo na estrutura glandular, reduzindo a contratura das fibras.

O beta-sitosterol sozinho ou como um componente de outra erva é um dos ativos principais nestas preparações herbárias. Sendo assim, uma equipe de pesquisa informou que o beta-sitosterol é uma opção eficaz no tratamento de HPB.

Efeitos anticâncer

Vários estudos indicaram que o beta-sitosterol pode ter poderosa propriedade anticâncer. É utilizado para reduzir o crescimento das células na próstata e nas de câncer de cólon, mas também mostrou atividade antitumoral contra leucemia linfocítica e câncer de mama.

Nestas considerações, é aceito amplamente que, dietas com abundantes legumes e frutas resultem em incidências mais baixas de câncer de todos os tipos. Dietas com alto teor de soja foram por muito tempo associadas a benefícios anticâncer. O beta-sitosterol parece ser uma das combinações fundamentais em grãos de sojas que suprimem a carcinogênese.

Aumentos da imunidade

O beta-sitosterol pode dar um aumento de energia a atletas envolvidos em jogos de resistência. Os corredores de maratona e atletas de resistência sofrem frequentemente de diminuição imunológica e a resposta inflamatória é reduzida durante intensos períodos de treinamento. O beta-sitosterol também auxilia na prevenção deste desarranjo no sistema imune, aumentando a proliferação de linfócitos.

Esta estimulação da imunidade beneficia qualquer pessoa que deseje impulsionar o estado defensivo, especialmente durante os estados de tensão física ou processos de doença ativa. Ao mesmo tempo normaliza o nível do açúcar no sangue e nivela a insulina em diabéticos do Tipo 2. O beta-sitosterol-3-beta-D-glucoside estimula a liberação da insulina na presença de concentrações de glicose não estimulantes e inibe a glicose-6-fosfatase.

Capítulo 25

Boro

Além do fundamental papel de promover a saúde dos ossos e das articulações, o boro, um mineral encontrado em uva passa, abacate, nozes e ameixas, legumes e vegetais, pode desempenhar um papel importantíssimo, protegendo os homens contra o câncer.

Com o envelhecimento, os homens têm mais risco de desenvolver câncer. Felizmente, pesquisas crescentes indicam que o boro pode ajudar a preveni-lo, ou a combater o já desenvolvido.

Um estudo mostrou que o risco de câncer simplesmente pode ser reduzido consumindo uma maior quantidade de alimentos ricos em boro. Este estudo comparou os padrões dietéticos de pacientes com câncer de próstata com homens sem câncer.

Os que ingeriram a maior quantidade de boro tinham 66% menos probabilidades de desenvolver câncer de próstata do que os que consumiram pouco boro. A dieta dos que consumiram a maior quantidade de boro incluiu uma média de 3.5 porções de fruta e uma de nozes por dia.

Estes resultados não só enfatizam o notável benefício que o consumo de frutas representa para a saúde completa, mas também sugere que o boro pode ser, em particular, responsável por alguns destes benefícios protetores.

Compostos de boro inibem as atividades de muitas enzimas como a já conhecida serina protease, incluindo o antígeno prostático específico - PSA.

Usando um modelo animal injetado com câncer de próstata, pesquisadores descobriram que a administração oral de várias concentrações de uma solução contendo boro conduziu a diminuições significativas em tamanho do tumor, variando de 25% a 38%.

Os níveis de PSA foram derrubados num surpreendente índice de 86-89 pontos percentuais nos animais de teste que receberam boro. Como contraste, animais que não receberam boro suplementar não experimentaram nenhuma diminuição em tamanho do tumor ou em nível de PSA no mesmo tempo de controle.

Estes resultados sugerem que o boro suplementar pode ajudar a diminuir tumores na próstata e níveis de PSA. Assegurar-se que o boro seja considerado um componente fundamental de qualquer estratégia para prevenir esse tipo de câncer, bem como para manter ótimos níveis de PSA, é primordial no mundo médico.

O boro pode ser encontrado em maior quantidade, principalmente, em frutas como a pera, uvas passas, maçã, ameixas, figo, nozes, pêssego e também no abacate, amendoim, soja, amêndoas e mel.

Capítulo 26

Cuidado Com o Churrasco!
- Luteolina

Estão em seus alimentos favoritos: hambúrgueres, frango na brasa, costelas esfumaçadas e etc. As aminas heterocíclicas (HCAs) são perigosas! Uma dose boa trará um câncer em um rato em semanas.

As aminas heterocíclicas são trazidas a nós pela mesma química dos radicais livres. Estas pequenas moléculas são criadas quando o calor quebra os aminoácidos e a creatinina. Calor alto é o pior, já que as transforma em nitrosamina, uma potente amina cancerígena.

As HCAs não são radicais livres, mas promovem-nos. E fazem coisas piores, e os pesquisadores estão começando a pensar que estes pequenos diabos são o que trazem riscos de desenvolver câncer a um consumidor de carne.

As HCAs causam mutações de DNA, especialmente no cólon. O fígado, a próstata e a mama são outros objetivos bem estudados para HCAs, mas qualquer órgão é suscetível.

Porém, uma mistura de azeite de oliva, vinagre de sidra, alho, mostarda, suco de limão e sal protege a formação das HCAs na carne grelhada.

Molho de turmeric com alho causa um efeito semelhante.

Um estudo do Instituto Nacional do Câncer determinou os parâmetros. Foram cozinhadas bistecas de porco, linguiça, toucinho e presunto. Grelhar levemente a carne não parece criar muito problema de aminas, porém, fritar na panela é o berço das aminas. O presunto tem poucas aminas, mas o toucinho é muito abundante em aminas e as consequências do consumo são muito ruins.

Hambúrgueres muito bem passados e cozinhados em uma panela têm níveis muito altos de HCAs – isto foi confirmado muitas vezes. A quantia de aumento de HCAs acompanha o tempo de cozimento. Em outras palavras, carne bem passada tem mais HCAs do que no ponto, ou seja, quanto mais tempo o calor agir sobre a carne, pior.

HCAs, nitrosaminas e câncer

Um relatório da Universidade de Minnesota mostrou que mulheres que comem hambúrgueres muito bem passados têm 50% maior risco de câncer de mama do que mulheres que comem no ponto.

Mulheres que constantemente comem bife bem passado, hambúrgueres e toucinho têm 4,62 vezes mais risco de câncer de mama. Isso é significativo, e os dados são de 41.836 mulheres que participaram do estudo das mulheres de Iowa. Não podemos desprezar números assim!

As doenças da próstata estão associadas ao consumo de carne muito cozida. As HCAs também são suspeitas prováveis de outros cânceres que afetam os homens, inclusive de colo retal, esofágico, de pulmão, de fígado e de intestino delgado.

A dieta típica do Uruguai contém muita carne com sal e *barbecue* (churrasco). Quando os pesquisadores foram procurar respostas para a taxa alta de cânceres gástricos naquele país, procuraram uma conexão potencial entre dois tipos de HCAs e estes alimentos.

Elementos que param os HCAs

O que exatamente pode deter as HCAs?

Provavelmente ingredientes como o alho. O alho e outras plantas contêm substâncias que neutralizam as aminas heterocíclicas. Uma pesquisa focalizou um grupo de substâncias conhecido como fenólicos dietéticos. Fenólicos é uma categoria que inclui flavonoides, flavonas e catequinas – como as do chá verde. Estes elementos possuem atividades antioxidantes, mas sua proteção contra as HCAs deve-se a um mecanismo diferente.

Os fenólicos trabalham mudando o modo como são metabolizadas as HCAs. Da mesma maneira que o estrógeno pode ser metabolizado de modos diferentes pelo corpo com a intervenção do I3C, as HCAs também o fazem. Os carcinógenos são criados no processo.

As HCAs normalmente são quebradas pela enzima P450. Infelizmente, embora as enzimas sejam naturais aos nossos corpos, as HCAs não são. Tentando erradicar os invasores estranhos, o P450 os transforma inadvertidamente em substâncias carcinogênicas. Os fenólicos interferem potencialmente na interação mortal entre a enzima P450 e HCAs.

Os fenólicos, ou fenóis, vêm das frutas, legumes e chás. Parecem ser as defesas mais fortes contra aminas heterocíclicas. Chá verde e chá preto são os melhores inibidores de HCA descobertos até hoje. As combinações de legumes, sobretudo os crucíferos, podem controlar o dano ao DNA provocado pelas HCAs.

A **luteolina** é um flavonoide, ou mais especificamente uma flavona. É considerada um importante antioxidante e varredor de radicais livres. Previne a inflamação e ativa o metabolismo dos carboidratos, além de modular o sistema imune. Estas características da luteolina colocam-na como um ativo elemento na prevenção do câncer.

Pesquisadores do Centro Nacional para Pesquisa em Toxicologia demonstraram que os chás verde e preto, ácido tânico e quercetina interferem na ativação de HCAs, bloqueando uma reação química conhecida como hidroxilação.

O Indol-3-carbinol (I3C), luteolina, ácido cafeico e quercetina também combatem os HCAs. Uma fonte de luteolina é o extrato de alcachofra. O alecrim contém dois tipos diferentes de luteolina, pelo menos. O I3C é extraído de legumes crucíferos como repolho, couve-flor e brócolis. A quercetina é um polifenol/fitoestrogeno comum, encontrado em legumes como cebolas, uvas e vagens.

As clorofilas têm ação contra as HCAs, assim como o missô. Porém, a pesquisa destes itens é escassa. Por enquanto, a melhor proteção provada contra as aminas heterocíclicas são os extratos de planta, como o I3C, a luteolina (alcachofra), o chá verde, o chá preto, o alecrim e o alho, além do azeite de oliva.

Fonte: Terri Mitchell

Capítulo 27

Legumes Crucíferos e Câncer

Estatísticas alarmantes sugerem agora que mais da metade de todos os cânceres em adultos dos EUA podem ser causados pela dieta.

Felizmente, evidências científicas estabeleceram agora que os legumes crucíferos contêm componentes anticancerígenos que oferecem proteção poderosa contra carcinógenos. Os compostos encontrados em certos legumes apoiam o processo de detoxificação natural do corpo, enquanto ajudam-no a libertar-se do câncer causado por agentes da nossa alimentação, água e meio ambiente.

A família dos legumes crucíferos como brócolis, couve, couve-flor, agrião, repolho, mostarda e rabanete demonstra efeitos anticancerígenos em vários estudos publicados durante as últimas décadas. Os fitoquímicos formados quando os legumes são cortados ou mastigados são os responsáveis por alguns destes benefícios.

Contêm os minerais, antioxidantes e os fitonutrientes para melhorar a saúde e ajudam exclusivamente a prevenir o aparecimento e a deter a progressão de tumores de cólon, de mama, de próstata, de tireoide, de colo de útero e outros. Estes compostos naturais também promovem o metabolismo saudável do estrógeno no corpo.

Cientistas acreditam agora que a razão importante de tantas pessoas contraírem tumores malignos é que não comem frutas e vegetais o suficiente e só uma porcentagem pequena de pessoas consomem as cinco porções diárias de frutas e legumes, recomendada para uma boa saúde. As dietas em geral parecem deficientes em alguns alimentos com elementos nutrientes mais potentes que lutam contra o câncer, disponíveis nos legumes crucíferos como os brócolis, couve--flor, couve-de-bruxelas e couve.

Com o avançar da idade, os hormônios começam a declinar, e é nesse momento que surgem os problemas relativos ao desequilíbrio de estrógeno no corpo, o que pode fixar o estágio de alavancagem do câncer. O envelhecimento nos adultos torna-os particularmente suscetíveis a cânceres associados ao metabolismo aberrador do estrógeno. Felizmente, os crucíferos são compostos por glucosinolatos e isotiocianatos que darão lugar ao I3C (Indol-3-carbinol) e DIM (Diindolilmetano), podendo prover proteção poderosa ao promover um ótimo metabolismo do estrógeno.

Este equilíbrio delicado de estrógenos é crucialmente importante para a saúde dos homens. Em um estudo que examinou a relação de metabólitos (produto da desintegração de estrógeno) relativos ao risco de câncer de próstata, foram unidos níveis elevados do metabólito mais ativo a um risco aumentado de câncer.

Uma deficiência dietética de fitonutrientes encontrados nos legumes crucíferos pode contribuir para engatilhar o câncer de várias maneiras. Os legumes crucíferos aumentam a capacidade de nosso corpo de neutralizar estes indutores, provendo suporte essencial preventivo.

Outra causa principal de câncer vem do próprio corpo. Quando são metabolizados, os estrógenos passam por certos caminhos bioquímicos, tornando-se ativos contra o câncer.

Os legumes crucíferos contêm compostos que promovem um caminho mais saudável para diminuir o estrógeno no corpo, protegendo-o.

Legumes crucíferos

O brócolis ou brócolos (do italiano *broccolo*, no plural *broccoli*) é um vegetal da família *brassicaceae* (crucíferas). Os fitonutrientes, obtidos de legumes, são denominados quimiopreventivos vegetais. Possuem a função de controlar a atividade das células indutoras, ou seja, detêm o crescimento dos tumores.

Em 2007, durante a reunião anual da Associação americana para Pesquisa do Câncer, o Dr. Shivendra Singh, Ph.D., da Universidade de Pittsburgh, informou que, de acordo com as pesquisas de sua equipe, os isotiocianatos derivados de legumes crucíferos, provêm proteção importante, reduzindo a velocidade de crescimento do câncer.

O sulforafano, composto do brócolis, derivado dos isotiocianatos, é o mais potente anticancerígeno derivado dos crucíferos, pois induz as células de câncer a se autodestruir, enquanto o outro composto já conhecido, o I3C, ou seu produto de condensação, o 3-3'-diindolylmetano (**DIM**), interrompe a capacidade das células de câncer de se reproduzir.

Conteúdo nutricional dos brócolis

Uma xícara (91 gramas) de brócolis cru contém os seguintes nutrientes:

* Calorias: 31
* Gordura total: 0 g
* Carboidrato total: 6 g
* Fibra dietética: 2 g
* Açúcares: 2 g
* Proteína: 3 g

* **Vitaminas e minerais:**
Vitamina A: 567 IU
Vitamina C: 81.2 mg
Vitamina E: 0.7 mg
Vitamina K: 92.5 mg
Luteína e zeaxanthina: 1,277 mcg
Folato: 5 7.3 mcg
Tiamina: 0.1 mg
Riboflavina: 0.1 mg
Niacina: 0.6 mg
Pyridoxina: 0.2 mg
Cálcio: 42.8 mg
Magnésio: 19.1 mg
Ferro: 0.7 mg
Fósforo: 60.1 mg
Sódio: 30.0 mg
Potássio: 206 mg
Zinco: 0.4 mg
Manganês : 0.2 mg
Selênio : 2.3 mcg

O brócolis pode ser consumido cru ou cozido. Deve evitar-se supercozinhar o brócolis, pois isto pode acabar com os nutrientes solúveis do legume na água. Cozinhando os brócolis ligeiramente no vapor, se aproveitam melhor os nutrientes do que preparado de outra maneira.

Os legumes crufíceros podem reduzir a velocidade ou parar o processo de angiogênese, um assunto principal quando se fala em metástase.

O brócolis, além de ser um fitoquímico anticâncer sem igual, é uma fonte excelente de vitaminas C, K e A, como também de folato e fibra dietética. É uma fonte muito boa de minerais, como manganês, potássio, magnésio, fósforo e vitaminas como riboflavina (vitamina B2) e piridoxina (vitamina B6).

Capítulo 28

Lupeol

Em um estudo recente *in vitro* e em *in vivo*, o Lupeol, um triterpeno presente em frutas como morango, manga, figo, uvas, azeite de oliva, azeitona e legumes, mostrou causar a morte e a apoptose de células tumorais andrógeno-sensíveis e, significativamente, inibiu o crescimento do tumor em ratos implantados com células de próstata humana.

Em análises *in vivo* determinou-se que o tratamento com Lupeol resultou na inibição significativa da viabilidade da célula, causando a morte por apoptose das células das culturas do câncer dose-dependente. Além disso, o Lupeol demonstrou ser específico para ativar o caminho da apoptose nas células tumorais da próstata andrógeno-sensíveis.

O tratamento consiste na neutralização de uma proteína que estimula as células indutoras da cabeça e pescoço, e também do útero, da próstata e do colo, a NFKB (fator nuclear kapa beta).

É considerado um tratamento similar à quimioterapia, já que age como a cisplatina, uma ativa droga quimioterápica, aumentando em 40 vezes sua ação quando aplicados juntos, pois exercem uma ação sinérgica.

Adicionalmente, o tratamento com uma combinação do anticorpo monoclonal e de Lupeol resulta em maior apoptose, comparado ao tratamento com os compostos isoladamente.

O Dr. Anthony Yuen Pó-wing, da Universidade de Hong Kong é o encarregado da pesquisa.

O tratamento com Lupeol inibe significativamente o crescimento de tumores com redução concomitante da secreção do antígeno prostático-específico (PSA).

Outro trabalho recente pesquisou o potencial antioxidante do lupeol, extrato de polpa de manga, MPE, em estresse oxidativo induzido por testosterona em próstata de ratos machos albinos suíços.

Conclusão: Os resultados do estudo demonstram que o lupeol/MPE é eficaz para combater o estresse oxidativo induzido na próstata do rato pelo dano celular.

Capítulo 29

Silimarina

Recentemente os cientistas descobriram um componente do leite de cardo que pode ser uma arma nova poderosa para prevenir e, possivelmente, até tratar a próstata.

Este fitoquímico, chamado **isosilybin B,** suprime potentemente o crescimento e a proliferação de células de câncer de próstata. Também suprime a atividade de um fator genético expresso na maioria dos cânceres humanos. Além disso, este fitonutriente potente inibe a secreção de uma proteína que faz progredir o câncer da próstata e as metástases, sendo ativo para os tumores hormônios – dependente e independente – oferecendo a proteção mais poderosa que qualquer outro fitonutriente descoberto.

Os efeitos benéficos da silimarina e silibinin (extrato da silimarina), extraídos do leite da planta de cardo, são conhecidos há muito tempo.

Até recentemente, os cientistas tinham focalizado os esforços de suas pesquisas em componentes de leite de cardo como a silimarina e silibinin.

Os estudos sugerem que a silimarina previna o crescimento de células malignas *in vitro* e protege os animais de laboratório contra o crescimento de certos tumores.

O silibinin apresentou efeitos antioxidantes potentes de anticarcinogênico, podendo agir sinergicamente com drogas quimioterápicas que tratam o câncer.

Muitos produtos de leite de cardo disponíveis contêm silimarina e alguns são unificados em conteúdo de silibinin, talvez levando em conta a afirmação do Instituto Nacional do Câncer de que silibinin é o componente mais ativo do leite de cardo.

Em 2003, pesquisadores escolares médicos de Harvard demonstraram que o leite de cardo tem duas substâncias químicas distintas – isosilybin A e isosilybin B. Estes isômeros próximos relacionados, mas distintos, pertencem a uma classe de substâncias químicas da planta chamadas flavonolignans.

Efeitos da silimarina e silibinin

Isosilybin é equilibrado para unir as ações dos componentes anticancerígenos do leite de cardo – silimarina e silibinin – dois extratos cujos efeitos já são apoiados por uma quantidade grande de pesquisas. Realmente, numerosos estudos estabeleceram o modo para estudos adicionais em componentes de leite de cardo, por também protegerem contra tumores de pele e de mama, além da próstata.

Conclui-se também que um ou mais componentes da silimarina são inibidores mitogênicos.

Silibinin mostrou efeitos anticancerígenos até mesmo contra formas avançadas de câncer. Agregando Silibinin à dieta de ratos que tinham recebido um enxerto cirúrgico de células de tumor de próstata humanas avançadas, houve diminuição e aumento da morte programada das células cancerígenas.

Combinando a sabedoria dos anciões com a excitante nova tecnologia médica, a ciência está descobrindo aplicações novas para o leite de cardo na luta contra o câncer.

Capítulo 30

Nível de Colesterol e Câncer

Soube-se há muito tempo que mantendo baixo o nível do colesterol pode-se proteger o coração. Mas também poderia reduzir o risco de câncer de próstata?

Os pesquisadores estão cada vez mais otimistas de que as duas condições estão relacionadas: fazendo o que é bom para o coração, faz-se bem para a próstata também.

O Dr. William J. Catalona, urologista e diretor do Programa de Câncer de Próstata Clínico, e o Dr. Robert H. Lurie da Universidade do Noroeste, Centro de Câncer Inclusivo, abriram o caminho para o uso do antígeno específico **PSA,** possibilitando a descoberta incipiente do câncer de próstata.

Catalona apontou recentes estudos epidemiológicos em que a revisão da saúde registrada de grande número de pessoas ocorre em períodos relativamente longos de tempo. Isto mostrou que homens que tomaram remédio para reduzir os níveis de colesterol tiveram um risco mais baixo de tumores de próstata.

Estes estudos mostraram que as estatinas podem diminuir os riscos de agressividade da doença.

Elizabeth A. Platz, professora associada do Departamento de Epidemiologia da Johns Hopkins Bloomberg School de Saúde Pública, é a autora de um destes estudos. Ela acompanhou a evolução de 34.000 homens durante 10 anos, controlando o uso de estatinas a cada dois anos. Ninguém desenvolveu câncer no começo do estudo.

Os resultados do estudo, apresentado à Associação Americana para Pesquisa do Câncer na reunião anual de 2005, concluiu que os que tomaram estatinas tiveram reduzido pela metade o risco de câncer de próstata avançado e a um terço o risco de câncer de próstata metastático, comparado aos que não usaram as drogas.

"Diretamente, como resultado deste estudo das estatinas, estamos acompanhando agora se o fato de ter o colesterol mais alto no sangue está associado a um risco futuro mais alto de câncer", disse Platz na apresentação do estudo.

Em uma possível explicação, Catalona disse que o colesterol é um dos elementos fundamentais para produzir a testosterona, um hormônio que poderia estar associado com certo risco de câncer de próstata.

A convicção atual é que alguma variante de hormônios masculinos pode promover o crescimento do câncer, e o bloco da estrutura principal para hormônios masculinos é o colesterol; abaixando-se os níveis de colesterol, pode-se estar abaixando os níveis de testosterona excessivamente altos.

Mas, Catalona agregou que é muito cedo recomendar que os homens tomem estatinas para reduzir o risco de câncer somente. Mas se um paciente já estiver tomando este remédio para abaixar o risco para doença cardiovascular, isso poderia ser um benefício a mais.

"O tema comum aqui é que, se o coração está saudável, a próstata também pode estar saudável", disse.

Considerando que os benefícios estejam claros, não é preciso esperar até a pesquisa provar uma ligação de câncer com colesterol e próstata. Dever-se-ia prosseguir e melhorar a dieta e o estilo de vida, particularmente com a prática de exercícios, disse Mark Moyad, pesquisador da Universidade de Michigan e diretor do Centro Médico de Medicina Complementar e Alternativa na Universidade de Michigan.

Para Moyad, o papel de colesterol ficou particularmente importante depois de um estudo em que percebeu que o nível de colesterol estava surpreendentemente alto em homens afrodescendentes, pois apresentam 60% a mais de incidência de câncer de próstata e duas vezes as taxas de mortalidade, comparadas a outros grupos raciais e étnicos, de acordo com a Coalizão de Câncer de Próstata Nacional.

Níveis altos de colesterol podem aumentar o risco de câncer

Isso frequentemente acontece em homens mais velhos, em homens afrodescendentes e em homens com uma história familiar de câncer de próstata.

Uma das metas de pesquisa genética é identificar fatores de risco associados a um risco aumentado da doença. Se variáveis específicas provarem estar unidas aos riscos aumentados de câncer em desenvolvimento, poderia ser possível que os pacientes, ao alterarem o comportamento, possam reduzir o risco. Estes pacientes também podem beneficiar-se de blindagem mais frequente do câncer de próstata.

Pesquisadores da Itália realizaram um teste clínico recente para avaliar a possível relação entre nível de colesterol e o risco de câncer de próstata. Este estudo incluiu quase 1.300 casos que tinham sido diagnosticados com câncer e 1.451 que não tinham, como grupo controle. Os dados foram colhidos entre 1991 e 2002. Os homens estavam abaixo dos 75 anos.

Homens com níveis de colesterol alto têm aproximadamente 50% de aumento na incidência de câncer comparado aos com níveis de colesterol normais.

Pacientes de 65 anos de idade ou mais, com colesterol mais alto, têm tido incidência aumentada e mais pronunciada de câncer do que os controles mais jovens que eles.

O estudo mostrou uma tendência de taxas aumentadas de câncer entre homens com litíase vesicular.

Capítulo 31

A Universidade de Medicina e Saúde Johns Hopkins Alerta: Dieta Pode Reduzir o Risco de Câncer de Próstata?

HEALTH ALERTS
A Free Service of University Health Publishing and Johns Hopkins Medicine

A Johns Hopkins alerta sobre a importância da dieta na prevenção do câncer da próstata.

Uma ingestão alta de legumes pode abaixar o risco do câncer da próstata.

A maioria de estudos relacionando gordura dietética e câncer de próstata concluiu que uma ingestão de gorduras mais alta está associada a um risco aumentado de câncer na próstata.

As gorduras compõem 30% a 40% das calorias na dieta norte-americana, comparadas a 15% no Japão. Estas diferenças podem ajudar a explicar o índice muito mais baixo de mortalidade de câncer no Japão, como também a grande variabilidade em taxas de mortalidade ao redor do mundo.

Outra possibilidade é que as pessoas que consomem uma dieta de alto teor de gordura tenham menos probabilidades de ingerir alimentos saudáveis como legumes, frutas e verduras.

De acordo com um estudo publicado no Jornal do Instituto Nacional do Câncer, homens que comeram 28 ou mais porções de legumes numa semana tiveram um risco de câncer de próstata 35% mais baixo que os que comeram 14 ou menos porções por semana.

Evidência moderada sugere que outros componentes dietéticos também podem ajudar a prevenir o câncer. Consumo alto de licopeno está associado com 16% a 21% de risco reduzido de câncer de próstata. Suplementos com selênio reduziram o risco de câncer em 66% em um estudo, e outro estudo concluiu que a incidência estava reduzida em 34% em homens que tomam vitamina E.

Capítulo 32

Generalidades sobre Protetores e Deletéreos

Quando se fala em câncer, a primeira coisa que vem à cabeça é tentar descobrir as causas do aparecimento deste castigo que as pessoas têm que enfrentar e que requer um tratamento demorado, caro e de resultados imprecisos, e nem sempre com o retorno à normalidade da funcionalidade e do bem-estar. Por isso o ideal é saber o que deve ser feito em relação à alimentação para ajudar as defesas que impedem o desenvolvimento do mal.

Vejamos alguns dos elementos protetores:

Agrião – alecrim – cat's claw (garra-de-gato)

Agrião

O agrião, um primo menos conhecido do brócolis, oferece benefícios para a saúde, por ser uma fonte excepcionalmente rica em isotiocianatos. Potente elemento contra o câncer, é formado a partir de um composto chamado glicosinolato (5 metil cisteina sulfóxido), inclusive a combinação muito estudada é conhecida como fenetil isotiocianato ou PEITC.

Uma pesquisa indica que um extrato de agrião-brócolis suprime a produção de uma enzima que facilita a expansão do câncer de mama a outros tecidos.

Cientistas efetivamente demonstraram ainda que o isotiocianato do agrião suprime a produção de compostos pró-inflamatórios como as prostaglandinas associadas a numerosas condições patológicas, inclusive câncer.

Pesquisadores também estão interessados no agrião como uma arma contra cânceres letais do pulmão. O agrião é a fonte mais rica de um glucosinolato conhecido como nasturtiin, que se transforma em PEITC no trato digestivo. No laboratório de roedores o PEITC derivado do agrião ajudou a prevenir o câncer de pulmão que habitualmente é iniciado por meio dos carcinógenos do tabaco.

Estudos têm mostrado que o PEITC inibe a proliferação de células malignas no laboratório com surpreendente rapidez. Isto é muito importante, como PEITC e outros isotiocianatos dietéticos de legumes crucíferos tendem a depurar o corpo rapidamente por excreção urinária, um dos meios mais eficazes de depurar as toxinas; por isso o funcionamento dos rins é um reflexo da saúde do organismo.

Trabalhando com um tipo de célula de leucemia humana, os cientistas descobriram que o PEITC e outro isotiocianato age em múltiplas células para ajudar na luta contra a proliferação do câncer.

Cientistas da França descobriram recentemente que os compostos como I3C, contidos no agrião, induzem a fase I e a fase II das enzimas do fígado (detoxificação), função pela qual o fígado elimina as toxinas que boiam pelo sangue.

Assim, estes agentes naturais não somente têm benefícios anticancerígenos, como também dão apoio à depuração hepática. Este efeito pode explicar a capacidade deles para inibir os efeitos provocadores de câncer e proteger as alterações do DNA, numa larga variedade de compostos.

Alecrim e vitamina D são alicerces importantes

Ácido carnosico e carnosol são compostos que derivam da erva culinária alecrim (*officinalis rosmarinum*), um antioxidante que ajuda a lutar contra o câncer, como os vegetais crucíferos e os compostos I3C e DIM.

O ácido carnosico e o carnosol reduzem o potencial carcinogênico dos estrógenos modulando seu metabolismo no fígado. Por exemplo, alimentando ratos femininos com uma dieta com 2% de alecrim durante três semanas, os metabólitos de estrógeno benéfico aumentaram em aproximadamente 150%, ao mesmo tempo inibindo os metabólitos de estrógeno prejudicial em aproximadamente 50%.

Estes processos são devidos à ação do I3C – brócolis e demais vegetais.

Novas pesquisas mostram que o ácido carnosico e o carnosol do alecrim sinergizam-se com a vitamina D, ajudando a matar as células de câncer mais efetivamente.

A combinação da vitamina D e combinações de alecrim representam uma adição moderna a abordagens tradicionais para tratamento do câncer.

A garra-de-gato (cats claw) provê proteção complementar

Na procura por agentes eficazes contra o câncer, cientistas voltaram a atenção para um promissor remédio herbário da floresta tropical peruana, a garras-de-gato ou *uncaria tormentosa*.

Esta videira tropical foi usada na América do Sul durante séculos no tratamento de câncer, artrite e estômago.

Estudos em humanos e animais mostraram que compostos derivados do extrato de garra-de-gato possuem atividade imune potente, protegendo o ADN, além de propriedades anticancerígenas.

Pesquisadores suecos encontraram evidências das propriedades de estímulo da imunidade significativa do extrato de garra-de-gato. Em roedores, administrando-se o extrato de garra-de-gato mais de oito semanas, as reações dos animais para responder a provas do sistema imune melhoraram.

Similarmente, quando os voluntários humanos foram suplementados com o extrato de garra-de-gato durante seis semanas, demonstraram níveis aumentados de leucócitos, um aumento da função do sistema imune saudável, crucial para proteger o organismo contra uma grande variedade de doenças.

Quando os ratos receberam o extrato de garra-de-gato durante oito semanas, antes de serem expostos à radiação prejudicial do DNA, demonstraram uma capacidade notadamente melhorada de se consertar o dano.

A garra-de-gato tem capacidade de proteger o DNA em humanos. Voluntários expostos a uma substância química prejudicial ao DNA, foram suplementados com o extrato de garra-de-gato e mostraram diminuição do dano do DNA, além da capacidade de reparação bastante aumentada.

Em 2001, cientistas italianos mostraram que o extrato de garra-de--gato reduziu a proliferação de células de câncer de mama humanas no laboratório.

Mais recentemente, cientistas austríacos mostraram que o extrato de garra de gato impede as células de leucemia humanas de crescerem no laboratório incitando-as a se autodestruírem (apoptose).

Quando a equipe austríaca investigou vários dos ingredientes no extrato de *cats claw*, concluíram ser compostos ativos inibindo a proliferação de células de leucemia ou matando-as completamente.

Enquanto os cientistas ainda estão investigando como este remédio herbário combate o câncer, acredita-se que o extrato de garra de gato e seus ingredientes ativos podem ajudar a regular várias proteínas como as citocinas, segregadas pelo sistema imune com papel importante no sistema de defesa natural do corpo contra o câncer.

Fonte: Dale Kiefer.

Capítulo 33

Vitamina E e o Crescimento de Tumores da Próstata Humana

O câncer de próstata tornou-se um problema de saúde pública importante no mundo ocidental. O câncer é atualmente o diagnóstico mais comum e a segunda causa principal de mortes entre os homens americanos.

Dados demonstraram que as dietas com alto conteúdo de gordura podem acelerar o crescimento de células LNCaP do câncer da próstata humana, especialmente em experiências em laboratório. Um dos mecanismos hipotetizados é de que a gordura dietética induz o crescimento do estresse oxidante.

Nosso propósito era determinar o efeito da suplementação de vitamina E, um antioxidante intracelular potente, na gordura elevada que promove o crescimento de células de LNCaP transplantadas no rato.

Os resultados deste estudo mostraram que a vitamina E sintética pode inibir o crescimento do câncer, e que o PSA pode ser usado como um biomarcador de resposta do tumor a este tratamento.

CONCLUSÕES: Estes dados sugerem que a gordura dietética induz ao crescimento das células do câncer mediado, por meio do estresse oxidativo, provocado pelo excesso destas gorduras. Também mostra a possibilidade do benefício terapêutico da vitamina E ao preveni-lo.

O consumo de gordura total foi relacionado ao risco de câncer de próstata avançado diretamente. Esta associação deveu-se principalmente à gordura animal, mas não à gordura vegetal.

A carne vermelha representou o grupo de alimentos com a associação positiva mais forte com câncer avançado. A gordura de produtos lácteos, com a exceção de manteiga ou peixe, não tinham conexão com o risco. A gordura saturada, monoinsaturada, e o ácido-linoleico, mas não o ácido alfa linoleico, estava associada ao risco de câncer.

Os resultados apoiam a hipótese de que a gordura animal, especialmente a gordura da carne vermelha, está associada com um risco elevado de câncer.

Corroboram-se, portanto, as recomendações de abaixar a ingestão de carne vermelha para reduzir o risco de câncer.

Os papéis potenciais de carcinógenos formados pelo cozimento da gordura animal e do ácido alfa-linoleico na progressão do câncer precisam ser aprofundados em um estudo previdente, assim como o alfa e gama-tocoferol no soro.

O estudo alfa-tocoferol, beta caroteno – prevenção do câncer (ATBC) demonstrou 32% de redução na incidência de câncer de próstata com respeito à suplementação de alfa-tocoferol diário. Examinamos as concentrações do alfa-tocoferol e gama-tocoferol para comparar as associações respectivas com o risco do câncer.

Mais adiante as análises indicaram que a associação entre alta taxa de tocoferoles (alfa-tocoferol e gama-tocoferol) no soro coincidia com baixo risco de câncer dentro do grupo suplementado com alfa-tocoferol em comparação com os que não o receberam.

Uma experiência clínica de suplementação de vitamina E e de beta-caroteno para prevenção de câncer do pulmão entre fumantes masculinos na Finlândia informou recentemente um efeito protetor inesperado forte da vitamina E contra a incidência de câncer de próstata e mortalidade.

O objetivo era examinar a ingestão suplementar da vitamina E e o risco de câncer em uma população norte-americana distinta.

Homens que consumiram pelo menos um suplemento de 100 UI de vitamina E diária tiveram uma frequência menor para metástase, o desenlace fatal, quando comparados aos que não consumiram nenhum suplemento.

Capítulo 34

Boswellia

Os anti-inflamatórios sintéticos bloqueiam a cicloxigenase 2, a enzima que detona o quadro inflamatório. Só que, por provocar alguns efeitos colaterais, obriga as indústrias farmacêuticas a retirá-las do mercado, como o Vioxx® e o Bextra, potentes anti-inflamatórios que pararam de ser fabricados, mesmo sendo muito úteis, nas doses certas.

Nesta classe de drogas eficazes, os cientistas estão trabalhando para identificar agentes naturais que seguramente bloqueiam os fatores subjacentes que dão origem a inflamação no corpo.

Pesquisadores focalizaram seus microscópios numa erva, a boswellia – ela age para bloquear uma enzima pró-inflamatória letal chamada 5-lipoxygenase (5-LOX). Até agora, só estratégias limitadas estiveram disponíveis para enfrentar os efeitos insidiosos de 5-LOX, um contribuinte potente para processos inflamatórios envolvidos em doenças tão diversas quanto câncer, aterosclerose, artrite, doença inflamatória de intestino e asma.

Fundamentos da boswellia

Por milhares de anos médicos da medicina popular usaram a erva boswellia (*boswellia serrata*) para tratar uma gama extensiva de condições, que sabemos agora serem causadas pela inflamação.

Este extrato herbário é derivado de resina de goma segregada pela árvore de boswellia, parte de uma família de plantas medicinais crescidas e usadas na Índia, África, China e no Oriente Médio.

Inflamação. Inibindo as enzimas LOX

Nos anos 70, descobriu-se que a boswellia produzia efeitos antiinflamatórios notáveis distintos dos produzidos por drogas antiinflamatórias não esteroides (Aines), como o ibuprofeno e a aspirina.

As Aines suprimem a inflamação, principalmente inibindo a enzima já mencionada, a cyclooxygenase-2 (COX-2) que dá lugar às prostaglandinas, enzimas inflamatórias. Lamentavelmente, as Aines também bloqueiam a enzima de COX-1, fundamental para manter uma proteção segura no estômago.

Enquanto as Aines são parcialmente eficazes tratando a dor e a inflamação, os efeitos colaterais como irritação de estômago e até sangramento, toxicidade de rim e úlceras pépticas, são pouco atrativos para uso a longo prazo. Uma causa primária de toxicidade de Aine é pela inibição da enzima COX-1.

As propriedades prejudiciais das Aines no estômago só pareceram ser resolvidas em 1999, com a aprovação de inibidores de COX-2 seletivos que demonstraram menos toxicidade de estômago que as Aines. Já em 2000, entretanto, os riscos com os inibidores de COX-2 seletivos apareceram. Desde então, relatórios sobre os efeitos potencialmente colaterais cardíacos perigosos dos inibidores da COX-2 levaram os cientistas a intensificar a procura para opções mais seguras.

Controlando a cascata inflamatória

Diferentemente dos Aines, a boswellia combate a inflamação bloqueando a enzima pró-inflamatória 5-LOX (5-lipoxygenase). A 5-LOX é a primeira enzima no caminho metabólico que conduz à síntese dos leucotrienos, uma enzima inflamatória prejudicial que influencia diretamente em vários processos de doença. Esforços para desenvolver inibidores de 5-LOX para tratar, desde asma até câncer, sugerem que o extrato de boswellia pode ter boas aplicações para controlar várias doenças.

O 5-LOX é formado pelo organismo para controlar o excesso de ácido araquidônico decorrente da ingestão excessiva de gorduras com ômega 6.

Além de inibir a 5-LOX e bloquear a biossíntese dos perigosos leucotrienos, o ácido boswellico diminui a atividade de outra enzima pró-inflamatória, HLE (elastase de leucócito humano). HLE é associado à artrite reumática e doenças respiratórias, como enfisema pulmonar, fibrose cística, bronquites crônicas e síndrome de angústia respiratória aguda, a qual é relacionada pela inflamação.

Significativamente, os níveis de leucotrienos e HLE estão altos em muitas doenças inflamatórias e reações alérgicas. Para constarem, as únicas combinações anti-inflamatórias encontradas para inibir o HLE e a 5-LOX são os derivados da boswellia.

A boswellia é bem ativa na prevenção e monitoração de várias formas de câncer.

Cientistas alemães demonstraram que o extrato de boswellia é o inibidor mais potente das enzimas que estimulam o crescimento de câncer em humanos do que algumas quimioterapias com drogas sintéticas.

Baseando-se nestes resultados positivos com boswellia, os pesquisadores acreditam que os extratos da planta podem ajudar a prevenir o desenvolvimento e expansão da doença.

Outros pesquisadores testaram o extrato de boswellia em alguns tipos diferentes de células de leucemia humanas e de células de câncer de cérebro humanas.

A boswellia também foi objeto de estudos oncológicos. As células de câncer de próstata humano foram inibidas no crescimento, sugerindo que os inibidores de 5-LOX, como a boswellia, podem ter aplicações prevenindo ou detendo o crescimento.

Capítulo 35

Cálcio e Frutose

Laboratórios e dados clínicos indicam um efeito antitumor de 1,25(OH)2 (vitamina D) (1,25(OH)2D) em câncer de próstata.

A ingestão alta de cálcio suprime a formação de 1,25(OH)2D. A ingestão de frutose reduz momentaneamente a produção de fosfato do protoplasma e a hipofosfatemia estimula a produção de 1,25(OH)2D.

Foi feito um estudo previdente entre profissionais da saúde num seguimento de estudo livre de câncer, a fim de examinar se a ingesta de cálcio e frutose influenciam o risco de câncer de próstata.

O consumo mais alto de cálcio foi relacionado ao câncer de próstata avançado. Cálcio de fontes de alimentos e de suplementos aumentou o risco.

Ingesta de frutose alta foi relacionada a um risco mais baixo de câncer de próstata avançado, a ingesta de fruta era inversamente associada ao risco de câncer avançado e esta associação foi considerada pelo consumo de frutose.

Uma associação positiva moderada entre ingesta de gordura, energia e câncer avançado atenuou-se e nenhum dado estatístico mais longo foi considerado significativo quando controlado para cálcio e frutose.

Os resultados dão evidência indireta para uma influência protetora de 1,25(OH)2D em níveis altos contra o câncer e apoiou o aumento no consumo de fruta e restrição do cálcio em altas doses.

Capítulo 36

Red Clover

Trifolium pratense (**red clover**) é uma espécie de TREVO, nativa da Europa, Ásia e norte de África, comum em várias outras regiões do mundo.

Red Clover imita a dieta asiática para a saúde da próstata

Um estudo concluiu que o trinovin, um suplemento derivado do red clover (RC), causa a morte das células de câncer de próstata cinco vezes mais do que um grupo de controle sem tratar. A pesquisa foi feita na Universidade de Monash, Victoria, Austrália.

Os resultados podem explicar o mistério sobre o fato de homens asiáticos com células de próstata pré-cancerosas e taxas semelhantes para homens em países ocidentais terem uma porcentagem muito menor dessas células que ficam cancerosas. Por exemplo, o estudo concluiu previamente que 1.8% de homens na China desenvolve câncer de próstata em oposição a 53.4% de norte-americanos. Estes resultados levaram os investigadores a considerar diferenças dietéticas entre as culturas, particularmente isoflavonas.

Neste estudo, pacientes com câncer de próstata confirmado tomaram 160 mg de Trinovin, provendo isoflavonas semelhantes à dieta asiática. Os períodos de tratamento variaram, aproximadamente, de 1 a 8 semanas. Os pacientes sofreram cirurgia de próstata, então. Os dados foram comparados a uma amostra de dados de arquivo disponíveis de pacientes que não receberam nenhum tratamento.

Antes e depois do tratamento, pesquisadores mediram o seguinte: antígeno específico prostático no soro (PSA), Gleason (estágio do câncer), testosterona, incidência de morte de célula de câncer (apoptose) e a excreção dos níveis de isoflavonas.

Trinovin contém quatro isoflavonas comuns na dieta asiática: biochanin, genisteína, formononetina e daidzeína. As isoflavonas de soja, contidas nos suplementos americanos comuns, não contêm as quatro isoflavonas conhecidas que mostram atividade benéfica em humanos e são geralmente consumidas na Ásia.

"Uma ligação entre dieta e câncer é conhecida dos estudos epidemiológicos que mostraram que os homens asiáticos desenvolvem câncer à mesma taxa como a população ocidental quando se mudam para países ocidentais", disse o Professor Alan Husband.

"Este é um estudo excitante que dá apoio mais adiante à ligação entre as isoflavonas dietéticas e doenças de próstata e pode explicar a diferença na incidência de câncer de próstata dos asiáticos comparados aos ocidentais."

Capítulo 37

A Etiopatogenia do Câncer de Próstata

O câncer de próstata é o tumor mais frequente no homem brasileiro. As estimativas do Inca são de 25.600 casos novos em 2002. Em 1999 o câncer foi responsável por 7.223 óbitos. Fatores genéticos hereditários, alterações em genes somáticos e hábitos alimentares estão relacionados ao desenvolvimento desta neoplasia.

Para o desenvolvimento de neoplasia, são necessários fatores iniciadores, promotores e aqueles relacionados à progressão do tumor. Como fatores iniciadores foram identificados alguns genes relacionados à predisposição ao câncer de próstata, herdados por via germinativa, responsáveis por parte dos agregados familiares da neoplasia. Os tumores familiares são aproximadamente 10% de todos os carcinomas e a sua identificação tem conotações práticas importantes.

Depois de iniciadas, as células neoplásicas estão expostas a uma série de agentes carcinógenos, principalmente provenientes da alimentação, a promotora da lesão tumoral. E por fim, advém as lesões genéticas relacionadas à progressão da neoplasia, como a angiogênese, metastatização etc.

Câncer de próstata hereditário

Aproximadamente 10% dos carcinomas da próstata são hereditários. Se o carcinoma for diagnosticado antes dos 60 anos, a probabilidade de ser um câncer familiar é de 33% e, se ocorrer antes do 50 anos, este número é de 40%.

O risco de um indivíduo desenvolver o câncer de próstata é variável, de acordo com o histórico familiar, de acordo com a tabela 1.

Tabela 1. Risco de desenvolvimento do câncer de próstata em relação ao histórico familiar

Negativa	1
Pai > 60 anos	1,5
1 irmão > 60 anos	2
Pai < 60 anos	2,5
1 irmão < 60 anos	3
2 parentes, irmão ou pai	4
3 parentes ou mais	5

A importância do reconhecimento de casos familiares está na abordagem destes pacientes, que devem ser submetidos ao toque retal e medidas do PSA sérico a partir dos 45 anos ou cinco anos antes da idade na qual foi diagnosticado o tumor do familiar acometido mais precocemente. O valor preditivo positivo do PSA nestes indivíduos é maior. Submetidos à biópsia, quando os níveis de PSA estão entre 4 e 10 ng/ml, 40% dos indivíduos com histórico familiar apresentarão câncer contra 29% dos indivíduos sem histórico familiar (Aprikian e col. 1995).

Além do aparecimento precoce, os tumores familiares geralmente comportam-se como esporádicos. Um estudo de Bratt e col. (2002)

demonstra maior porcentagem de morte por câncer-específico para os tumores familiares, explicada apenas pela precocidade do aparecimento da doença.

Agentes promotores

É conhecido na literatura o papel da alimentação na promoção do carcinoma da próstata. O consumo de gorduras altamente saturadas, principalmente aquelas presentes na carne vermelha e laticínios seria um grande fator predisponente ao desenvolvimento do carcinoma da próstata. Aminas heterocíclicas, provenientes do cozimento em altas temperaturas e por tempo prolongado de carnes vermelhas, parecem ter efeito carcinogênico sobre a próstata. Porém, resultados conflitantes têm sido publicados, como o estudo de Hanash e col (2000), que demonstrou uma baixa incidência do câncer de próstata nos homens da Arábia Saudita (3,1/100.000), mesmo com uma dieta rica em gordura saturada.

Certamente os fatores genéticos e ambientais somam-se na etiopatogenia do câncer de próstata, e o estudo de Lichtenstein e col. (2002) é um bom indício. Estudaram quase 45.000 pares de gêmeos na Escandinávia e observaram que o fator genético é responsável por apenas 42% do risco de desenvolvimento do câncer, sendo o restante, decorrência do ritmo e o sistema de vida.

Alguns elementos são reconhecidamente protetores, como a vitamina E, selênio, fibras e exercícios físicos. Tymchuk e col. (2002) demonstraram uma diminuição do crescimento em linhagens tumorais de câncer de próstata (LNCap) quando em contato com o soro de indivíduos com dieta pobre em gordura, rica em fibras, exercendo atividade física regular. A ingestão de A-tocoferol, um dos principais componentes da vitamina E, presente em grande quantidade nos alimentos ricos em soja, diminui cinco vezes o risco de desenvolvimento do câncer de próstata em indivíduos ao redor de 50 anos (Helzlsouer e col. 2000).

Recentemente têm-se estudado o papel protetor do **licopeno**, presente em grande quantidade no tomate. Estudos mostram que uma das ações do licopeno está relacionada à regulação da conectina, uma substância que age sobre as junções intercelulares (*gap junctions*), diminuindo a proliferação celular. Demonstrou-se também um efeito sinérgico entre o licopeno e a 1,25-dihidroxivitamina D3 sobre a proliferação e diferenciação das células epiteliais (Heber D e Lu QY, 2002).

Essas informações poderão, no futuro, proporcionar uma melhor abordagem dos pacientes de risco do desenvolvimento do câncer de próstata e a introdução de prováveis terapias preventivas como, por exemplo, as substâncias antioxidantes.

Capítulo 38

Conclusões Finais do Autor

Gostaria de salientar que a abundância de bibliografia apresentada foi para mim uma obrigação. Minha finalidade foi apresentar as referências sobre o melhor que se faz no mundo, além de mostrar que a dieta como forma de saúde e de prevenção de doenças é de interesse atual e universal.

Ressalto, também, que os autores que apresentei aqui são de primeiro nível, membros das melhores universidades do mundo.

A alimentação tem papel fundamental quando se fala em preservação da saúde.

O corpo humano é sensível às influências do meio ambiente e da alimentação. Devemos considerar do meio ambiente os metais pesados como o mercúrio (Hg), proveniente das minas de ouro e que contamina os rios e mares, envenenando os peixes e consequentemente os que deles se alimentam. Ele é altamente tóxico e ataca o sistema nervoso central, gerando doenças graves tais como cegueira, Alzheimer, perda da motricidade etc.

Outro metal tóxico é o alumínio (Al), o mais abundante nas cidades, provocando alterações neurológicas, Alzheimer, Parkinson, demências etc.

Não podemos falar de metais pesados e tóxicos sem mencionar o chumbo (Pb), que ocasiona doenças cerebrais, renais, ósseas e metabólicas.

Focalizando a próstata, podemos dizer que o homem tem os seguintes fatores para determinar a predisposição em contrair a doença: idade, herança familiar, hábitos alimentares e raça.

Com relação à próstata, estatisticamente até os 40 anos, 1 em 10.000 homens receberão o diagnóstico de câncer, 1 em 39 entre os 40 e 59 anos, 1 em 7 entre 60 e 79, sendo que irmãos, pai ou filhos dobram essa possibilidade.

A dieta e o estilo de vida influem até mais que estas estatísticas.

Devemos nos lembrar que: SOMOS O QUE COMEMOS, e o ambiente no qual nos desenvolvemos será a tônica para o funcionamento e as reações de nosso organismo.

As causas pelas quais um câncer se desenvolve e chega a comprometer a vida não estão completamente bem determinadas, salvo em casos muito concretos de causa/efeito como o cigarro e o câncer de pulmão, mas o que a dieta pode fazer é fornecer defesas às células normais para protegerem-se dos mecanismos inimigos que as cercam, que, em caso de fracasso das defesas, invadem esses tecidos enfraquecidos e os dominam para desenvolver a reprodução de tecido mortífero cancerígeno: eis a realidade, o CAVALO DE TROIA.

Isso significa viver num constante e perigoso ataque de elementos que podem gerar inúmeras doenças, que não se manifestam pelas defesas do organismo, sustentadas pelos alimentos e nutrientes ingeridos. Por isto é que se devem fornecer ao corpo os melhores nutrientes e em quantidade suficiente para enfrentar os inimigos habituais.

O funcionamento do organismo tem muito a ver com os riscos de desenvolver uma doença qualquer.

As defesas devem estar sempre alertas para evitar desde um simples resfriado ou gripe até uma grande e complicada infecção, proveniente de alguma fonte ao nosso redor, e derivada de uma quantia de bactérias que estão na natureza para também sobreviver à custa de nosso bem-estar.

Portanto, as doenças de qualquer tipo, origem e causas não terão vez se nossas defesas estiverem prontas, e só podem estar dispostas se bem alimentadas e em quantidade suficiente, ou seja, um guardião do corpo bem adestrado é capaz de enfrentar os inimigos e vencê-los.

A soja com suas isoflavonas genisteína e daidzeína, junto com o chá verde e seus polifenois antioxidantes, contra o estresse oxidante, e acompanhada de um generoso copo de um bom vinho tinto, o merlot, por exemplo, aporta o resveratrol, indispensável para a proteção da próstata e das artérias.

Sem dúvida a presença de carnes vermelhas na dieta, acompanhando a dieta ocidental com abundantes gorduras da própria carne ou dos laticínios e dos ovos, é muito nociva para a saúde em geral, favorecendo doenças como o câncer do intestino, de mama, de artérias, de próstata, sem contar a osteoporose e as doenças renais e do sistema nervoso central.

Falando em carnes vermelhas, o churrasco como falamos no Capítulo 26, com suas aminas heterocíclicas (HAs) e as nitrosaminas, já foi catalogado este ano no Departamento de Saúde e Serviços Humanos dos EUA, como razoável carcinógeno humano.

As HAs aparecem com a alta temperatura em que se cozinham as carnes em geral, ou seja, pode-se moderar a temperatura para diminuir os riscos. Também é certo que acompanhar o churrasco com as verduras e escolher frutas em vez de sobremesas doces, preparadas com laticínios, melhorará o futuro em relação aos riscos de doenças em geral.

Esta equipe de guardiões do corpo está integrada pelo Sulforafano, proveniente dos já conhecidos vegetais brassicas (crucíferos, couve, couve-de-bruxelas, repolho, brócolis, agrião, rabanetes), etc. que têm armamentos anticancerígenos à disposição contra os inimigos radicais, junto com vitaminas aminoácidos e minerais que deverão ser consumidos permanentemente.

Temos, em nosso exército, o licopeno, proveniente dos tomates, sobretudo em molhos, que acompanha qualquer prato e traz poderosas defesas, não somente contra o câncer de próstata, mas também para ajudar na visão e proteger as artérias.

FALEMOS DE SEXO

A diferença entre medo e terror é a seguinte. O **medo** ocorre na 1ª vez que não se pode ter a 2ª relação. Já o **terror** vem na 2ª vez que não se pode ter a 1ª relação, ou seja o **vexame agudo, aquele que dói mesmo!!**

Os principais inimigos da sexualidade mais habituais são: o diabetes, os problemas prostáticos, a cirurgia da próstata, a hipertensão arterial e problemas neurológicos. O diabetes e a hipertensão alteram todas as artérias do corpo, inclusive e sobretudo, as do pênis.

Coração doente, sexo decadente!

O diabetes gera mais disfunções sexuais do que qualquer outra patologia no homem.

A sociedade está virando diabética pelo excesso de farinhas e carboidratos, o pior é que 40% das pessoas não sabem que são diabéticas e quando descobrem, os danos provocados ao corpo já são irreversíveis.

Hoje abusa-se dos lanches, e as padarias ou os *fast foods* passaram a ser o restaurante do povo. Nesses estabelecimentos tudo está acompanhado de farinha – lanches / pizzas / massas / bolos / chocolates / pacotinhos com lixo alimentar, mas muito colorido!

Portanto, todo cuidado é pouco para prevenir dieteticamente estas doenças, que trarão, sem dúvida, a temível **impotência,** ou, como se diz atualmente, **a disfunção erétil.**

Para os diabéticos ou os que têm tendência, deve ser muito restrito o consumo de arroz, massas, batatas, pão, mandioca, café com açúcar, bolos, chocolate com leite, cerveja, frutas muito doces etc.

SANGUE DOCINHO = PÊNIS MOLINHO

O PEIXE MORRE PELA BOCA,

O DIABÉTICO TAMBÉM

O diabetes ataca as artérias e os nervos, originando a neuropatia diabética, provocando lesões nos olhos, rins, coração, pés, pênis.

Todo diabético deve cuidar muito da alimentação, tomar a medicação necessária e fazer atividade física diariamente, pelo menos caminhar bastante e esquecer-se da cerveja.

Não deixemos o estresse de lado. Trabalhar é muito bom para chegar a adquirir um bom patamar econômico, mas somente trabalhar e se estressar acarreta desequilíbrio que trará muitos danos.

Dentre esses danos está a diminuição da atividade e do desejo sexual, queda da libido, da potência ou da rigidez peniana e da frequência das relações. Se a parceira tolera, tudo bem, o problema virá quando ela reclamar!

Na nossa ampla experiência, tudo isso é uma realidade do dia a dia, sucesso empresarial com fracasso matrimonial. Bem-estar econômico com esfriamento sexual.

Portanto, a recuperação será tão complicada quanto mais tempo tenha transcorrido desde que o dano ficou estabelecido originariamente.

No caso da diabetes, as lesões nos nervos e nas artérias provocam um endurecimento e engrossamento nas paredes dos vasos, que, junto com a mortificação dos nervos, dão ao pênis uma diminuição na função erétil, causando a deficiência sexual ou disfunção erétil avançada.

É o que chamamos de fibrose dos corpos cavernosos, que, ao perder a elasticidade, não têm a possibilidade de acumular o sangue nos canalículos e, portanto, por não ficarem turgentes e rígidos, carecem da dureza necessária para a penetração e manutenção durante o ato sexual.

Essa fibrose pode ser por causa do diabetes, a aterosclerose, a hipertensão e do estresse, dentre outras, já que existe uma doença chamada peyronie, que provoca uma fibrose com nódulos e até calcificações. Sua causa e solução serão as páginas de outro trabalho em execução.

BOA NOTÍCIA!!

Existem trabalhos recentes que mostram que uma atividade sexual mais intensa ou frequente diminui o aparecimento do CP.

Tudo isso custa muito? Nada que se compare ao retorno em alegrias que uma boa saúde pode brindar. Mas, custa algo, como custa a gasolina para que o carro funcione, junto com o IPVA, a oficina, o estacionamento e a manutenção, ou um jantar em um bom lugar, que às vezes custa mais que tudo isso!

Mas, habitualmente, o homem não se preocupa com isso, geralmente paga para desfrutar de um carro possante e caro, mas para a sua saúde..., reclama e muito!

Tudo o que foi apresentado neste livro deveria ser lido e iniciado antes dos 30 anos para evitar chegar aos 40 com os riscos de problemas na próstata. Na saúde em geral e no sexo em especial.

Não adianta querer desfazer uma vida de alimentação descontrolada aos 60 anos, quando se está com obesidade, diabetes e hipertensão, produto de excessos de vícios, como fumo, álcool e drogas e de inatividade muscular – preguiça crônica.

Os danos e as agressões que se cometem contra o corpo, em algum momento se pagam, que ninguém duvide disso!!

O corpo cobra em algum momento os impostos às agressões feitas contra ele!

Em consequência, quem quer desfrutar de boa saúde, deve não somente suprir o organismo com bom combustível, como também manter a máquina em condições, com uma assistência técnica especializada, para não lamentar depois.

Se o leitor acompanhou até aqui o meu trabalho, e pretende seguir as orientações expostas, com certeza está preparado para VIVER MUITOS MAIS ANOS COM BOA SAÚDE FÍSICA, MENTAL E SEXUAL. PARABÉNS!

DR. CARLOS A. GOLDENBERG
http://drcarlosgoldenberg.blogspot.com
email: *drcarlos@wdi.com.br*

Referências bibliográficas

Capítulo 1

"Intensive lifestyle changes may affect the progression of prostate cancer," Ornish D, Weidner G, et al, J Urol., 2005; 174(3): 1065-70. (Address: Department of Medicine, Preventive Medicine Research Institute, University of California-San Francisco. USA)

Nutr. Câncer 1992;18(3):277-86.
Diet and prostatic cancer: a case-control study in northern Italy. Talamini R, Franceschi S, La Vecchia C, Serraino D, Barra S, Negri E. Epidemiology Unit, Aviano Cancer Center, Italy.

Chang YC, et al. 1999. Cytostatic and antiestrogenic effects of 2-(indol-3-ylmethyl)-3,3'-diindolylmethane, a major in vivo product of dietary indole-3-carbinol. Biochem Pharmacol 58:825-34.

Cohen JH, et al. 2000. Fruit and vegetable intakes and prostate cancer risk. J Natl Cancer Inst 92:61-8.

Fahey JW, Zhang Y, Talalay P. Broccoli sprouts: an exceptionally rich source of inducers of enzymes that protect against chemical carcinogens. Proc Natl Acad Sci U S A.1997;94:10367 - 10372.

Giovannucci E, et al. 1993. "A prospective study of dietary fat and risk of prostate cancer" [see comments]. J Natl Cancer Inst 85:1571-9 Oct. 1993.

Jain MG, et al. 1999. Plant foods, antioxidants, and prostate cancer risk: findings from case-control studies in Canada. Nutr Cancer 34:173-84.

Norrish AE, et al. 1999. Heterocyclic amine content of cooked meat and risk of prostate cancer. J Natl Cancer Inst 91: 2038-44.

Norrish AE, Skeaff CM, Arribas GLB, et al. Prostate cancer risk and consumption of fish oils: a dietary biomarker-based case-control study. Br J Cancer.1999;81:1238 - 1242.

Schuurman AG, et al. 1999. Animal products, calcium and protein and prostate cancer risk in the Netherlands Cohort Study. Br J Cancer 80:1107-13.

Snowdon DA, et al. 1984. Diet, obesity, and risk of fatal prostate cancer. Am J Epidemiol 120:244-50.

Rodler I, Zajkas G. Hungarian cancer mortality and food availability data in the last four decades of the 20th century. Ann Nutr Metab. 2002; 46(2):49-56.

Kolonel LN, Hankin JH, Whittemore AS, et al. Vegetables, fruits, legumes and prostate cancer: a multiethnic case-control study. Cancer Epidemiol Biomarkers Prev. 2000 Aug;9(8):795-804.

Kristal AR, Lampe JW. Brassica vegetables and prostate cancer risk: a review of the epidemiological evidence. Nutr Cancer. 2002; 42(1):1-9.

Michaud DS, Augustsson K, Rimm EB, Stampfer MJ, Willet WC, Giovannucci E. A prospective study on intake of animal products and risk of prostate cancer. Cancer Causes Control. 2001 Aug;12(6):557-67.

Capítulo 2

Biri H, Ozturk HS, Kacmaz M, et al. Activities of DNA turnover and free radical metabolizing enzymes in cancerous human prostate tissue. Cancer Invest. 1999;17(5):314-9.

Nelson WG, De Marzo AM, DeWeese TL, Isaacs WB. The role of inflammation in the pathogenesis of prostate cancer. J Urol. 2004 Nov;172(5 Pt 2):S6-11.

Zhou JR, Yu L, Zhong Y, et al. Inhibition of orthotopic growth and metastasis of androgen-sensitive human prostate tumors in mice by bioactive soybean components. Prostate. 2002 Oct 1;53(2):143-53.

Yablonsky F, Nicolas V, Riffaud JP, Bellamy F. Antiproliferative effect of Pygeum africanum extract on rat prostatic fibroblasts. J Urol. 1997 Jun;157(6):2381-7.

Krzeski T, Kazon M, Borkowski A, Witeska A, Kuczera J. Combined extracts of Urtica dioica and Pygeum africanum in the treatment of benign prostatic hyperplasia: double-blind comparison of two doses. Clin Ther. 1993 Nov;15(6):1011-20.

Giovannucci E, Ascherio A, Rimm EB, et al. Intake of carotenoids and retinol in relation to risk of prostate cancer. J Natl Cancer Inst. 1995 Dec 6;87(23):1767-76.

Rao AV, Fleshner N, Agarwal S. Serum and tissue lycopene and biomarkers of oxidation in prostate cancer patients: a case-control study. Nutr Cancer. 1999;33(2):159-64.

Fleshner N, Fair WR, Huryk R, Heston WD. Vitamin E inhibits the high-fat diet promoted growth of established human prostate LNCaP tumors in nude mice. J Urol. 1999 May;161(5): 1651-4.

Clark LC, Dalkin B, Krongard, et al. Decreased incidence of prostate cancer with selenium supplementation: results of a double-blind cancer prevention trial. Br J Urol. 1998 May;81(5):730-4.

Lippman SM, Goodman PJ, Klein EA, et al. Designing the Selenium and Vitamin E Cancer Prevention Trial (SELECT). J Natl Cancer Inst. 2005 Jan 19;97(2):94-102.

Capítulo 3

Fonte: William Falloon

Helzlsouer KJ, Juang HY, Alberg AJ e col. Association between alpha-tocopherol, gamma-tocopherol, selenium, and subsequent prostate cancer. J Natl Cancer Inst. 92:2018, 2000.

Ghosh J. Rapid induction of apoptosis in prostate cancer cells by selenium: reversal by metabolites of arachidonate 5-lipoxygenase. Biochem Biophys Res Commun. 2004 Mar 12;315(3):624-35.

Vogt TM, Ziegler RG, Graubard BI, et al. Serum selenium and risk of prostate cancer in U.S. blacks and whites. Int J Cancer. 2003 Feb 20;103(5):664-70.

Yoshizawa K, Willett WC, Morris SJ, et al. Study of prediagnostic selenium level in toenails and the risk of advanced prostate cancer. J Natl Cancer Inst. 1998 Aug 19;90(16):1219-24.

Claria J, Romano M. Pharmacological intervention of cyclooxygenase-2 and 5-lipoxygenase pathways. Impact on inflammation and cancer. Curr Pharm Des. 2005;11(26):3431-47.

Radmark O. 5-lipoxygenase-derived leukotrienes: mediators also of atherosclerotic inflammation. Arterioscler Thromb Vasc Biol. 2003 Jul 1;23(7):1140-2.

Nie D, Che M, Grignon D, Tang K, Honn KV. Role of eicosanoids in prostate cancer progression. Cancer Metastasis Rev. 2001;20(3-4):195-206.

Steele VE, Holmes CA, Hawk ET, et al. Lipoxygenase inhibitors as potential cancer chemopreventives. Cancer Epidemiol Biomarkers Prev. 1999 May;8(5):467-83.

Kelavkar UP, Hutzley J, Dhir R, et al. Prostate tumor growth and recurrence can be modulated by the omega-6:omega-3 ratio in diet: athymic mouse xenograft model simulating radical prostatectomy. Neoplasia. 2006 Feb;8(2):112-24.

Astorg P. Dietary fatty acids and colorectal and prostate cancers: epidemiological studies. Bull Cancer. 2005 Jul;92(7):670-84.

Augustsson K, Michaud DS, Rimm EB, et al. A prospective study of intake of fish and marine fatty acids and prostate cancer. Cancer Epidemiol Biomarkers Prev. 2003 Jan;12(1):64-7.

Newcomer LM, King IB, Wicklund KG, Stanford JL. The association of fatty acids with prostate cancer risk. Prostate. 2001 Jun 1; 47(4):262-8.

Hassan S, Carraway RE. Involvement of arachidonic acid metabolism and EGF receptor in neurotensin-induced prostate cancer PC3 cell growth. Regul Pept. 2006 Jan 15;133(1-3): 105-14.

Matsuyama M, Yoshimura R, Mitsuhashi M, et al. Expression of lipoxygenase in human prostate cancer and growth reduction by its inhibitors. Int J Oncol. 2004 Apr;24(4):821-7.

Gupta S, Srivastava M, Ahmad N, et al. Lipoxygenase-5 is overexpressed in prostate adenocarcinoma. Cancer. 2001 Feb 15;91(4):737-43.

Kelavkar UP, Nixon JB, Cohen C, et al. Overexpression of 15-lipoxygenase-1 in PC-3 human prostate cancer cells increases tumorigenesis. Carcinogenesis. 2001 Nov;22(11):1765-73.

Ghosh J, Myers CE. Arachidonic acid stimulates prostate cancer cell growth: critical role of 5-lipoxygenase. Biochem Biophys Res Commun. 1997 Jun 18;235(2):418-23.

Myers CE, Ghosh J. Lipoxygenase inhibition in prostate cancer. Eur Urol. 1999;35(5-6):395-8.

Ghosh J, Myers CE. Inhibition of arachidonate 5-lipoxygenase triggers massive apoptosis in human prostate cancer cells. Proc Natl Acad Sci USA. 1998 Oct 27;95(22):13182-7.

Yang P, Collin P, Madden T, et al. Inhibition of proliferation of PC3 cells by the branched-chain fatty acid, 12-methyltetradecanoic acid, is associated with inhibition of 5-lipoxygenase. Prostate. 2003 Jun 1;55(4):281-91.

Capítulo 4

Fonte: Life Extension

"Dietary Fatty Acids and Cancer," Rose, David P., et al, American Journal of Clinical Nutrition, 1997; 66(Suppl.)998S-1003S.

"Fatty Fish Consumption and Risk of Prostate Cancer," Terry P, Lichtenstein P, et al, Lancet, June 2, 2001; 357:1764-1766.

"Serum -3 Fatty Acids, Fish Consumption and Cancer Mortality in Six Japanese Populations in Japan and Brazil," Kobayashi M, et al, Jpn J Cancer Res, September, 1999;90:914-921.

"Fatty Fish Supplementation and Risk of Prostate Cancer," Inoue K-I, Takano H, Yoshikawa T, Lancet, October 20, 2001; 358(9290):1367.

Gann PH, Hennekens CH, Sacks FM, Grodstein F, Giovannucci EL, Stampfer MJ. Prospective study of plasma fatty acids and risk of prostate cancer. J Natl Cancer Inst. 1994;86: 281-286.

"AHF (American Health Foundation) Launches Nutritional Intervention Study to Combat Prostate Cancer," Primary Care and Cancer, October, 1996; 33-34.

High intake fat show risk rising factor for prostate cancer (Armstrong B, Doll R Int J. Câncer 15:617-31, 1975; Kolonel LN et al Brit. J. Câncer 44:332-9, 1981).

Norrish AE, Skeaff CM, Arribas GLB, et al. Prostate cancer risk and consumption of fish oils: a dietary biomarker-based case-control study. Br J Cancer.1999;81:1238 - 1242.

Leitzmann MF, Stampfer MJ, Michaud DS, et al. Dietary intake of n-3 and n-6 fatty acids and the risk of prostate cancer. Am J Clin Nutr. 2004;80:204-216.

Capítulo 5

Bosland MC, Oakley-Girvan I, Whittemore AS: Dietary fat, calories, and prostate cancer risk [editorial]. J Natl Cancer Inst 1999 Mar 17; 91(6): 489-91[Medline].,

Clinton SK, Emenshiser C, Schwartz SJ, et al. cis-transLycopene isomers, carotenoids, and retinol in the human prostate. Cancer Epidemiol Biomarkers Prev. 1996;5:823 - 833.

Coffey DA: Similarities of prostate and breast cancer: Evolution, diet and estrogens. Urology 2001; 57(Suppl 4A): 31-38.

Cohen JH, Kristal AR, Stanford JL: Fruit and vegetable intakes and prostate cancer risk. J Natl Cancer Inst 2000 Jan 5; 92(1): 61-8[Medline].

Fair WR, Fleshner NE, Heston W: Cancer of the prostate: a nutritional disease? Urology 1997 Dec; 50(6): 840-8[Medline].

Giovannucci E, Ascherio A, Rimm EB, et al. Intake of carotenoids and retinol in relation to risk of prostate cancer. J Natl Cancer Inst.1995;87:1767 - 1776.

Hanash KA, Al-Othaimeen A, Kattan S: Prostatic carcinoma: a nutritional disease? Conflicting data from the Kingdom of Saudi Arabia. J Urol 2000 Nov; 164(5): 1570-2[Medline].

Heinonen OP, Albanes D, Virtamo J: Prostate cancer and supplementation with alpha-tocopherol and beta- carotene: incidence and mortality in a controlled trial. J Natl Cancer Inst. 1998 Mar 18; 90(6): 440-446[Medline].

Helzlsouer KJ, Huang HY, Alberg AJ, et al. Association between alpha-tocopherol, gamma-tocopherol, selenium, and subsequent prostate cancer. J Natl Cancer Inst. 2000;92:2018 - 2023.

Kolonel LN, Hankin JH, Lee J: Nutrient intakes in relation to cancer incidence in Hawaii. Br J Cancer 1981 Sep; 44(3): 332-9 [Medline].

Moyad MA, Pienta KJ, Montie JE: Use of PC-SPES, a commercially available supplement for prostate cancer, in a patient with hormone-naive disease. Urology 1999 Aug; 54(2): 319-23; discussion 323-4[Medline].

Parkin DM, Whelen S L, Ferlay J: Cancer Incidence in Five Continents. Scientific Publications 1997; 7: 143.

Rose DP, Boyar AP, Wynder EL: International comparisons of mortality rates for cancer of the breast, ovary, prostate, and colon, and per capita food consumption. Cancer 1986 Dec 1; 58(11): 2363-71 [Medline].

Tannenbaum, A.: The genesis and growth of tumors. III: Effects of a high fat diet. Cancer Res 1942; 2: 468-475.

Whittemore AS, Kolonel LN, Wu AH: Prostate cancer in relation to diet, physical activity, and body size in blacks, whites, and Asians in the United States and Canada. J Natl Cancer Inst 1995 May 3; 87(9): 652-61[Medline].

Stanley A Brosman, MD, Professor Clínico, Departamento de Urologia, Universidade de Califórnia, Los Angeles, Escola de Medicina.

Mark A Moyad, MD, MPH, ND, Phil F Jenkins, Diretor de Medicina Complementar e Alternativa, Departamento de Urologia, Centro Médico Universidade de Michigan.

Capítulo 6

Kavanagh KT, Hafer LJ, Kim DW, Mann KK, Sherr DH, Rogers AE, Sonenshein GE,. Green tea extracts decrease carcinogen-induced mammary tumor burden in rats and rate of breast cancer proliferation in culture. J Cell Biochem. 2001;82(3): 387-398.

Gupta S, Hastak K, Ahmad N, Lewin JS, Mukhtar H. Inhibition of prostate carcinogenesis in TRAMP mice by oral infusion of green tea polyphenols. Proc Natl Acad Sci U S A. 2001; Aug 28;98(18):10350-10355.

Adhami VM, Ahmad N, Mukhtar H. Molecular targets for green tea in prostate cancer prevention. J Nutr. 2003 Jul;133(7 Suppl):2417S-2424S.

Saverio Bettuzzi, Ph.D. Professor of Biochemistry Department of Medicina Sperimentale University of Parma:. "Chemoprevention of Human Prostate Cancer by Oral Administration of Green Tea Catechins in Volunteers with High-grade Prostate Intraepithelial Neoplasia: a Preliminary Report from a One-Year Proof-of-Principle Study,"*Cancer Res*, 2006 Jan 15;66(2):1234-40. 44815 (5/2005)

Vaqar M. Adhami, Nihal Ahmad and Hasan Mukhtar "Molecular Targets for Green Tea in Prostate Cancer Prevention " The American Society for Nutritional Sciences J. Nutr. 133:2417S-2424S, July 2003

Ahmad N, Feyes DK, Nieminen AL, Agarwal R, Mukhtar H: Green tea constituent epigallocatechin-3-gallate and induction of apoptosis and cell cycle arrest in human carcinoma cells. *J Natl Cancer Inst; 89(24):1881-6 1997* "Green tea may protect against cancer by causing cell cycle arrest and inducing apoptosis [programed cell death]. It needs to be evaluated in human trials."

Carlin BI, Pretlow TG, Pretlow TP, Resnick MI: Green tea polyphenols inhibit growth of prostate cancer xenograft CWR22: implications for prostate cancer chemoprevention (Meeting abstract). *Proc Annu Meet Am Assoc Cancer Res; 37:A1915 1996.*

Mohan RR, Khan SG, Agarwal R, Mukhtar H: Testosterone induces ornithine decarboxylase (ODC) activity and mRNA expression in human prostate carcinoma cell line LNCaP: inhibition by green tea (Meeting abstract). *Proc Annu Meet Am Assoc Cancer Res; 36:A1633 1995.*

Liao S, Umekita Y, Guo J, Kokontis JM, Hipakka RA: Growth inhibition and regression of human prostate and breast tumors in athymic mice by tea epigallocatechin gallate. *Cancer Lett; 96(2): 239-43 1995*

Tea and lycopene protect against prostate cancer. Jian L, Lee AH, Binns CW. School of Public Health, Curtin University of Technology, GPO Box U 1987, Perth, WA, 6845, Australia. L.Jian@exchange.curtin.edu.au. Asia Pac J Clin Nutr. 2007;16 Suppl:453-7.

Drink green tea with a meal spiced with turmeric for double-boosted anti-cancer protective effects: "EGCG and curcumin, were noted to inhibit growth by different mechanisms, a factor which may account for their demonstrable interactive synergistic effect." Memorial Sloan-Kettering researchers, 1998.

Fujiki H. Green tea: Health benefits as cancer preventive for humans. Chem Rec. 2005;5(3):119-32.

Capítulo 7

Fonte: Russell Martin

Vijayakumar S, Mehta RR, Boerner PS, Packianathan S, Mehta RG. Clinical trials involving vitamin D analogs in prostate cancer. Cancer J. 2005 Sep-Oct;11(5):362-73.

Lou YR, Qiao S, Talonpoika R, Syvala H, Tuohimaa P. The role of Vitamin D3 metabolism in prostate cancer. J Steroid Biochem Mol Biol. 2004 Nov;92(4):317-25.

John EM, Schwartz GG, Koo J, Van Den BD, Ingles SA. Sun exposure, vitamin D receptor gene polymorphisms, and risk of advanced prostate cancer. Cancer Res. 2005 Jun 15;65(12):5470-9.

Woo TC, Choo R, Jamieson M, Chander S, Vieth R. Pilot study: potential role of vitamin D (Cholecalciferol) in patients with PSA relapse after definitive therapy. Nutr Cancer. 2005;51(1):32-6.

van Veldhuizen PJ, Taylor SA, Williamson S, Drees BM. Treatment of vitamin D deficiency in patients with metastatic prostate cancer may improve bone pain and muscle strength. J Urol. 2000 Jan;163(1):187-90.

Peehl DM. Vitamin D and prostate cancer risk. Eur Urol 1999; 35(5-6):392-4.

Krishnan AV, Moreno J, Nonn L, et al. Novel pathways that contribute to the anti-proliferative and chemopreventive activities of calcitriol in prostate cancer. J Steroid Biochem Mol Biol. 2007 Jan 15.

Brawley OW. The potential for prostate cancer chemoprevention. Rev Urol. 2002;4 Suppl 5S11-7.

Grant WB. A multicountry ecologic study of risk and risk reduction factors for prostate cancer mortality. Eur Urol. 2004 Mar;45(3):271-9.

Banach-Petrosky W, Ouyang X, Gao H, et al. Vitamin D inhibits the formation of prostatic intraepithelial neoplasia in Nkx3.1;Pten mutant mice. Clin Cancer Res. 2006 Oct 1;12(19): 5895-901.

Tokar EJ, Ancrile BB, Ablin RJ, Webber MM. Cholecalciferol (vitamin D3) and the retinoid N-(4-hydroxyphenyl)retinamide (4-HPR) are synergistic for chemoprevention of prostate cancer. J Exp Ther Oncol. 2006;5(4):323-33.

Gross C, Stamey T, Hancock S, Feldman D. Treatment of early recurrent prostate cancer with 1,25-dihydroxyvitamin D3 (calcitriol). J Urol. 1998 Jun;159(6):2035-9; discussion 2039-40.

Beer T, Lemmon D, Lowe B, Henner W. High-dose weekly oral calcitriol in patients with a rising PSA after prostatectomy or radiation for prostate carcinoma. Cancer. 2003 Mar 1;97(5):1217–24.

Beer TM, Eilers KM, Garzotto M, et al. Weekly high-dose calcitriol and docetaxel in metastatic androgen-independent prostate cancer. J Clin Oncol. 2003 Jan 1;21(1):123-8.

Capítulo 8

Results of the Physicians Study presented at the American Association for Cancer Research in San Francisco April 4, 2000. 2) AM Barreto, GG Schwartz, R Woodruff, SC Cramer. 5-hydroxyvitamin D-3, the prohormone of 1,25-dihydroxyvitamin D-3, inhibits the proliferation of primary prostatic epithelial cells.Cancer Epidemiology Biomarkers & Prevention, 2000, Vol 9, Iss 3, pp 265-270. These findings support a potential role for vitamin D in the chemoprevention of prostate cancer.

G.G.Schwartz et al Latitude, and spatial trends in prostate cancer mortality: All sunlight is not the same (United States).: Câncer, Causes & Control, 2006 ; 17(8): 1091-1011)

Taylor JA, Hirvonen A, Watson M, et al. Association of prostate cancer with vitamin D receptor. Blutt SE, Weigel NL. Vitamin D and prostate cancer. *Proc Soc Exp Biol Med*. 1999;221:89 - 98.

Moffatt KA, Johannes WU, Miller GJ. 1Alpha, 25dihydroxyvitamin D3 and platinum drugs act synergistically to inhibit the growth of prostate cancer cell lines. *Clin Cancer Res*. 1999;5: 695 - 703.

Hanchette CL, Schwartz GG. Geographic patterns of prostate cancer mortality. Evidence for a protective effect of ultraviolet radiation. *Cancer*. 1992;70:2861 - 2869.

Giovannucci E., 'Dietary influences of 1,25(OH)2 vitamin D in relation to prostate cancer: a hypothesis.', Cancer Causes Control 998 Dec;9(6):567-82

Bao BY, Yeh SD, Lee YF. 1alpha,25-dihydroxyvitamin D3 inhibits prostate cancer cell invasion via modulation of selective proteases. Carcinogenesis. 2006 Jan;27(1):32-42.

Capítulo 9

Dorai T, Gehani N, Katz A. Therapeutic potential of curcumin in human prostate cancer. II. Curcumin inhibits tyrosine kinase activity of epidermal growth factor receptor and depletes the protein. Mol Urol 2000 Spring;4(1):1-6.

Dorai T, Cao YC, Dorai B, Buttyan R, Katz AE. Therapeutic potential of curcumin in human prostate cancer. III. Curcumin inhibits proliferation, induces apoptosis, and inhibits angiogenesis of LNCaP prostate cancer cells in vivo. Prostate 2001 Jun 1;47(4): 293-303.

Lin JK, Chen YC, Huang YT, Lin-Shiau SY. Suppression of protein kinase C and nuclear oncogene expression as possible molecular mechanisms of cancer chemoprevention by apigenin and curcumin. J Cell Biochem Suppl 1997;28-29:39-48.

Li JK, Lin-Shia SY. Mechanisms of cancer chemoprevention by curcumin. Proc Natl Sci Counc Repub China B 2001 Apr;25(2):59-66.

Deeb D, Xu YX, Jiang H, et al. Curcumin (diferuloyl-methane) enhances tumor necrosis factor-related apoptosis-inducing ligand-induced apoptosis in LNCaP prostate cancer cells. Mol Cancer Ther. 2003 Jan;2(1):95-103.

Chendil D, Ranga RS, Meigooni D et al. Curcumin confers radiosensitizing effect in prostate cancer cell line PC-3. Oncogene. 2004 Feb 26;23(8):1599-607.

Dorai T, Dutcher JP, Dempster DW et al. Therapeutic potential of curcumin in prostate cancer—V: Interference with the osteomimetic properties of hormone refractory C4-2B prostate cancer cells. Prostate. 2004 Jun 15;60(1):1-17.

Capítulo 10

'Serum Testosterone and Sex Hormone-Binding Globulin Concentrations and the Risk of Prostate Carcinoma: A Longitudinal Study,' Heikkila R, et al, Cancer, July 15, 1999;86(2):312-315.

Prehn, Richmond T. On the prevention and therapy of prostate cancer by androgen administration. Cancer Research, Vol. 59, September 1, 1999, pp. 4161-64.

"Association between Prostate Cancer and Serum Testosterone Levels," Zhang PL, Rosen S, et al, Prostate, 2002; 53:179-182.

Próstata 67: 11-pg.1230-1237, 2007. © 2007 Wiley-Liss, Inc.

"Concerns about Testosterone Replacement Safety Evolve," Boschert S, Family Practice News, November 1, 2004:60 N Engl J Med, 2004;350:482-492.

Chen C, Weiss NS, Stanczyk FZ, et al. Endogenous sex hormones and prostate cancer risk: a case-control study nested within the carotene and retinol efficacy trial. Cancer Epidemiol Biomarkers Prev. 2003 Dec;12(12):1410-6.

Stattin P, Lumme S, Tenkanen L, et al. High levels of circulating testosterone are not associated with increased prostate cancer risk: a pooled prospective study. Int J Cancer. 2004 Jan 20;108(3): 418-24.

Rhoden EL, Morgentaler A. Testosterone replacement therapy in hypogonadal men at high risk for prostate cancer: results of 1 year of treatment in men with prostatic intraepithelial neoplasia. J Urol. 2003 Dec;170(6 Pt 1):2348-51.

Raivio T, Santti H, Schatzl G, et al. Reduced circulating androgen bioactivity in patients with prostate cancer. Prostate. 2003 May 15;55(3):194-8.

Sara Wirén 1, Tanja Stocks 1 *, Sabina Rinaldi 2, Göran Hallmans 3, Anders Bergh 4, Ulf-Håkan Stenman 5, Rudolf Kaaks 6, Pär Stattin 1 Departamento de Cirurgia e Ciências Perioperativas, Urologia e Andrologia, Universidade de Umeå, Umeå, Suécia, 2 Grupo de Nutrição e Hormônios, Agência Internacional para Pesquisa em Câncer, Lyon, França, 3 Departamento de Saúde Pública e Medicina Clínica, Pesquisa Nutricional, Universidade de Umeå, Umeå, Suécia, 4 Departamento de Bio Ciências Médicas e Patologia, Universidade de Umeå, Umeå, Suécia, 5 Departamento de Química Clínica, Hospital Universitário de Helsinki, Helsinki, Finlândia, 6 Divisão de Epidemiologia do Câncer, Centro alemão de Pesquisa do Câncer, Heidelberg, Alemanha,

Capítulo 11

Le Marchand L, Kolonel LN, Wilkens LR, Myers BC, Hirohata T., 'Animal fat consumption and prostate cancer: a prospective study in Hawaii.', Epidemiology 1994 May;5(3):276-82.

Michaud DS, Augustsson K, Rimm EB, Stampfer MJ, Willet WC, Giovannucci E. A prospective study on intake of animal products and risk of prostate cancer. Cancer Causes Control. 2001 Aug;12(6):557-67.

Giovannucci E., 'Nutritional factors in human cancers.', Adv Exp Med Biol 1999;472:29-42 "For prostate cancer, epidemiologic studies consistently show a positive association with high consumption of milk, dairy products, and meats."

Grant WB., 'An ecologic study of dietary links to prostate cancer.', Altern Med Rev 1999 Jun;4(3):162-9.

Talamini R, La Vecchia C, Decarli A, Negri E, Franceschi, 'Nutrition, social factors and prostatic cancer in a Northern Italian population.', S.Br J Cancer 1986 Jun;53(6):817-21.

Willett WC, 'Nutrition and cancer.', Salud Publica Mex 1997 Jul-Aug;39(4):298-309.

Bosetti C, Tzonou A, Lagiou P, Negri E, Trichopoulos D, Hsieh CC., 'Fraction of prostate cancer incidence attributed to diet in Athens, Greece.', Eur J Cancer Prev 2000; Apr;9(2):119-23.

Giles G, Ireland P., 'Diet, nutrition and prostate cancer.', Int J Cancer 1997;Suppl 10:13-7.

Chan JM, Giovannucci E, Andersson SO, Yuen J, Adami HO, Wolk A., 'Dairy products, calcium, phosphorous, vitamin D, and risk of prostate cancer (Sweden)', Cancer Causes Control 1998 Dec;9(6):559-66.

La Vecchia C, Negri E, D'Avanzo B, Franceschi S, Boyle P., 'Dairy products and the risk of prostatic cancer.', Oncology 1991;48(5):406-10.

Schuurman AG, van den Brandt PA, Dorant E, Goldbohm RA., 'Animal products, calcium and protein and prostate cancer risk in The Netherlands Cohort Study.', Br J Cancer 1999 Jun; 80(7):1107-13.

High intake diet fat could be a higher risk for PC(ArmstrongB, Doll R Int J. Câncer 15:617-31, 1975; Kolonel LN et al Brit. J. Câncer 44:332-9, 1981).

Schuurman AG, et al. 1999. Animal products, calcium and protein and prostate cancer risk in the Netherlands Cohort Study. Br J Cancer 80:1107-13.

Snowdon DA, et al. 1984. Diet, obesity, and risk of fatal prostate cancer. Am J Epidemiol 120:244-50.

Chan JM, Stampfer MJ, Ma J, Gann PH, Gaziano JM, Giovannucci EL. "Dairy products, calcium, and prostate cancer risk in the Physicians" Health Study. Am J Clin Nutr. 2001 Oct;74(4):549-554.

Skowronski RJ, Peehl DM, Feldman D. Vitamin D and prostate cancer: 1,25 dihy- droxyvitamin D3 receptors and actions in human prostate cancer cell lines. Endocrinology. 1993 May;132(5):1952-60.

Giovannucci, E., Rimm, E.B., Wolk, A. et al. Calcium and fructose intake in relation to risk of prostate cancer. Cancer Res. 1998; 58: 442–7.

"Dairy Products, Calcium, and Vitamin D and Risk of Prostate Cancer," Chan JM, Giovannucci EL, Epidemiol Rev, 2001;23(1):87-92.

"Dairy, Calcium, and Vitamin D Intakes and Prostate Cancer Risk in the National Healh and Nutrition Examination Epidemiologic Follow-up Study Cohort," Tseng M, Breslow RA, et al, Am J Clin Nutr, 2005;81:1147-1154. (Address: Marilyn Tseng, E-mail: m_tseng@fccc.edu).

"Diary Products May Increase the Risk of Prostate Cancer," Nutrition Week, April 28, 2000;30(17):7/Morning Call, April 5, 2000:A10.

Gao X, LaValley MP, Tucker KL. Prospective Studies of Dairy Product and Calcium Intakes and Prostate Cancer Risk: A Meta-Analysis. Journal of the National Cancer Institute. 2005;97:1768-77.

Qin, L.Q.: "Milk consumption is a risk factor for prostate cancer: metaanalysis of case-control studies" – Nutrition and câncer. 48 (1) 22-27 – 2004.

Ganmaa D, "Is milk responsable for male reproductive desorders" Med Hypotheses 57, 510-514, 2001.

Capítulo 12

CASTRO, Angela M. Spinola e and GUERRA-JUNIOR, Gil. GH/IGF-1 and cancer: what's new in this association. Arq Bras Endocrinol Metab, Oct. 2005, vol.49, no.5, p.833-842. ISSN 0004-2730.

"Hyperinsulinaemia: A prospective Risk factor for lethal Clinical Prostate Cancer" Jan Hammarsten MD, Eur J Cancer 2205 Dec; 41 (18) : 2887-95.

Epub 2005 Oct 20 44412(5/2006)

"Hyperglycemia and insulin resistance in men with prostate carcinoma who receive androgen-deprivation therapy" Shehzad Basaria, M.D. 1 2 , Denis C. Muller, M.S. 2, Michael A. Carducci, M.D. 3, Josephine Egan, M.D. 2, Adrian S. Dobs, M.D. 1 Department of Medicine, Division of Endocrinology and Metabolism, Johns Hopkins University School of Medicine, Baltimore, Maryland 2 National Institute on Aging, National Institutes of Health, Baltimore, Maryland 3 Department of Oncology, Prostate Cancer Research Program, Kimmel Cancer Center at Johns Hopkins.

Yu H, Rohan T. Role of the insulin-like growth factor family in cancer development and progression. J Natl Cancer Inst. 2000 Sep 20;92(18):1472-89.

Zhao H, Grossman HB, Spitz MR, Lerner SP, Zhang K, Wu X. Plasma levels of insulin- like growth factor-1 and binding protein-3, and their association with bladder cancer risk. J Urol. 2003 Feb;169(2):714-7.

Chan, J. M. Stampfer, M.J. E. Giovanucci et al. "Plasma Insukin-like Growth Factor And Prostate Cancer Risk: A Prospective Study" Science 279 (January 23, 1998): 563-66.

"Insulin-like growth factor 1 and prostate cancer risk: a population-based, case-control study" A Wolk, CS Mantzoros, SO Andersson, R Bergstrom, LB Signorello, P Lagiou, HO Adami and D Trichopoulos Department of Medical Epidemiology, Karolinska Institute, Stockholm, Sweden. Alicja.Wolk@mep.ki.se.

Cohen, Pinchas, et al. Insulin-like growth factors (IGFs), IGF receptors, and IGF-binding proteins in primary cultures of prostate epithelial cells. Journal of Clinical Endocrinology and Metabolism, Vol. 73, No. 2, 1991, pp. 401-07.

Rudman, Daniel, et al. Effects of human growth hormone in men over 60 years old. New England Journal of Medicine, Vol. 323, July 5, 1990, pp. 1-6.

LeRoith, Derek, moderator. Insulin-like growth factors in health and disease. Annals of Internal Medicine, Vol. 116, May 15, 1992, pp. 854-62 Rosenfeld, R.G., et al. Insulin-like growth factor binding proteins in neoplasia (meeting abstract). Hormones and Growth Factors in Development and Neoplasia, Fogarty International Conference, June 26-28, 1995, Bethesda, MD, 1995, p. 24.

LeRoith, Derek, et al. The role of the insulin-like growth factor-I receptor in cancer. Annals New York Academy of Sciences, Vol. 766, September 7, 1995, pp. 402-08.

Capítulo 13

"Combinations of tomato and broccoli enhance antitumor activity in dunning r3327-h prostate adenocarcinomas," Canene-Adams K, Lindshield BL, et al, Cancer Research, 2007; 67(2): 836-43. (Address:

John W. Erdman, Jr., Department of Food Science and Human Nutrition, University of Illinois, 905 S. Goodwin Avenue, 455 Bevier Hall, Urbana, Illinois 61801 and Internal Medicine Dept. James Cancer Hospital & Solove Research Institute Colombus- Ohio U.S.A. E-mail: jwerdman@uiuc.edu).

Capítulo 14

Cis-trans lycopene isomers, carotenoids, and retinol in the human prostate
SK Clinton, C Emenhiser, SJ Schwartz, DG Bostwick, AW Williams, BJ Moore and JW Erdman Jr Dana-Farber Cancer Institute, Harvard Medical School, Boston, Massachusetts 02115-6084, USA.

Cancer Epidemiology Biomarkers & Prevention, Vol 5, Issue 10 823-833, Copyright © 1996 by American Association for Cancer Research.

Cancer Research Clinical Cancer Research
Cancer Epidemiology Biomarkers & Prevention Molecular Cancer Therapeutics
Câncer Research 59, 1225-1230, 15 de março de 1999].

Experimental Biology and Medicine 227:852-859 (2002)
© 2002 Society for Experimental Biology and Medicine
SYMPOSIUM
A Review of Epidemiologic Studies of Tomatoes, Lycopene, and Prostate Cancer
Edward Giovannucci Channing Laboratory, Department of Medicine Brigham and Women's Hospital and Harvard Medical School, Boston, Massachusetts 02115; and Department of Nutrition, Harvard School of Public Health, Boston, Massachusetts 02115 Kucuk O, Sarkar FH et al. Effects of lycopene supplementation in patients with localized prostate cancer. Exp Biol Med (Maywood). 2002 Nov;227(10):881-5.

Giovannucci, E., Ascherio, A., Rimm, E.B. et al. Intake of carotenoids and retinol in relation to risk of prostate cancer. J. Natl. Cancer Inst. 1995; 87: 1767–76.

Gann, P.H., Ma, J., Giovannucci, E. et al. Lower prostate cancer risk in men with elevated plasma lycopene levels: results of a prospective analysis. Cancer Res. 1999; 59: 1225–30.

Breemen, R.B., Xu, X., Viana, M.A. et al. Liquid chromatography-mass spectrometry of cis- and all-trans-lycopene in human serum and prostate tissue after dietary supplementation with tomato sauce. J. Agric. Food Chem. 2002; 50: 2214–9.

Lu, Q.Y., Hung, J.C., Heber, D. et al. Inverse associations between plasma lycopene and other carotenoids and prostate cancer. Cancer Epidemiol. Biomarkers Prev. 2001; 10: 749–56.

Giovannucci, E. A review of epidemiologic studies of tomatoes, lycopene, and prostate cancer. Exp. Biol. Med. 2002; 227: 852–9.

Giovannucci, E., Rimm, E.B., Liu, Y. et al. A prospective study of tomato products, lycopene, and prostate cancer risk. J. Natl. Cancer Inst. 2002; 94: 391–8.

Capítulo 15

"Phase II Study of Pomegranate Juice for Men with Rising Prostate-Specific Antigen following Surgery or Radiation for Prostate Cancer," Pantuck AJ, Leppert JT, et al, Clinical Cancer Research, 2006; 12(13): 4018-4026. (Address: Departments of Urology, Medicine, Physiologic Science, and Biomathematics, David Geffen School of Medicine, University of California at Los Angeles, Los Angeles, California, USA. Technion Faculty of Medicine, Rambam Medical Center, Bat-Galim, Haifa, Israel).

Albrecht M, Jiang W et al. Pomegranate extracts potently suppress proliferation, xenograft growth, and invasion of human prostate cancer cells. J Med Food. 2004;7(3):274-83.

Malik A. Mukhtar H. Prostate Cancer Prevention through Pomegranate Fruit. Cell Cycle. 2006 Feb 15, 5(4).

Arshi Malik, Farrukh Afaq, Sami Sarfaraz, Vaqar M. Adhami, Deeba N. Syed, and Hasan Mukhtar * Pomegranate fruit juice for chemoprevention and chemotherapy of prostate cancer MEDICAL SCIENCES September 28, 2005, 10.1073/pnas.0505870102.

Wang RF, Xie WD, Zhang Z, et al. Bioactive compounds from the seeds of Punica granatum (pomegranate). J Nat Prod. 2004 Dec;67(12): 2096-8.

Seeram NP, Adams LS, Henning SM, et al. In vitro antiproliferative, apoptotic and antioxidant activities of punicalagin, ellagic acid and a total pomegranate tannin extract are enhanced in combination with other polyphenols as found in pomegranate juice. J Nutr Biochem. 2005 Jun;16(6):360-7.

Pantuck AJ, Leppert JT, Zomorodian N, et al. Phase II study of pomegranate juice for men with rising PSA following surgery or radiation for prostate cancer. J Urol. 2005;173 (4 suppl):225. Abstract 831.

Capítulo 16

"Serum prostate-specific antigen but not testosterone levels decrease in a randomized soy intervention among men," Maskarinec G, Morimoto Y, et al, Eur J Clin Nutr., 2006 Jun 14 [Epub ahead of print]. (Address: Cancer Research Center of Hawaii, University of Hawaii, Honolulu, HI, USA).

Sonoda T, Nagata Y, Mori M, et al. A case-control study of diet and prostate cancer in Japan: possible protective effect of tradition- al Japanese diet. Cancer Sci. 2004 Mar;95(3):238-42.

Singh RP, Sharma G, Mallikarjuna GU, Dhanalakshmi S, Agarwal C, Agarwal R. In vivo suppression of hormone-refractory prostate cancer growth by inositol hexaphosphate: induction of insulin-like growth factor binding protein-3 and inhibition of vascular endothelial growth factor. Clin Cancer Res. 2004 Jan 1;10(1 Pt 1):244-50.

Jacobsen BK, Knutsen SF, Fraser GE. Does high soy milk intake reduce prostate cancer incidence? The Adventist Health Study (United States). Cancer Causes Controls. 1998 Dec;9(6):553-7.

Ozasa K, Nakao M, Watanabe Y, et al. Serum phytoestrogens and prostate cancer risk in a nested case-control study among Japanese men. Cancer Sci. 2004 Jan;95(1):65-71.

Lund TD, Munson DJ, Haldy ME, Setchell KDR, Lephart ED, Handa RJ. Equol is a novel anti-androgen that inhibits prostate growth and hormone feedback. Biol Reprod. 2004 Apr;70(4):1188-95.

Dietary intake of phytoestrogens, estrogen receptor-beta polymorphisms and the risk of prostate cancer," Prostate, 2006; 66(14): 1512-20. (Address: Department of Medical Epidemiology and Biostatistics, Karolinska Institutet, Box 281, SE-17177, Stockholm, Sweden. E-mail: maria.hedelin@ki.se).

Tsutsumi M, Ishikawa S et al. [PSA change and morbidity of prostate cancer after dietary intervention of low-fat and high-soybean-protein diet for patients with high serum PSA level]. Hinyokika Kiyo. 2004 Dec;50(12):847-51.

Moyad M. Soy, disease prevention, and prostate cancer. Sem Urol Oncol. 1999;17(2):97-102.

Prostatic fluid concentrations of isoflavonoids in soy consumers are sufficient to inhibit growth of benign and malignant prostatic epithelial cells in vitro. [Prostate. 2006]

Lee MM, Gomez SL, Chang JS, Wey M, Wang RT, Hsing AW. Soy and isoflavone consumption in relation to prostate cancer risk in China. Cancer Epidemiol Biomarkers Prev. 2003; 12:665-668.

Hussain M, Banerjee M, Sarkar FH, et al. Soy isoflavones in the treatment of prostate cancer. Nutr Cancer. 2003;47:111-117.

Holzbeierlein JM, McIntosh J, Thrasher JB. The role of soy phytoestrogens in prostate cancer. Curr Opin Urol. 2005;15:17-22.

Capítulo 17

Higher consumption of green tea may enhance equol production. Asian Pac J Cancer Prev. 2003 Aug-Dec;4(4):297-301.

Miyanaga N, Akaza H, Takashima N, Nagata Y, Sonoda T, Mori M, Naito S, Hirao Y, Tsukamoto T, Fujioka T. Department of Urology, Post-graduate University of Tsukuba, Ibaraki, 305-8575, Japan. akazah@md.tsukuba.ac.jp

Severson RK, Nomura AM, Grove JS, Stemmermann GN. A prospective study of demographics, diet and prostate cancer among men of Japanese ancestry in Hawaii. Cancer Res 1989;49:1857–60. [Abstract]

Akaza H, Miyanaga N, Takashima N, Naito S, Hirao Y, Tsukamoto T, et al. Is daidzein non-metabolizer a high risk for prostate cancer? A case–controlled study of serum soybean isoflavone concentration. Jpn J Clin Oncol 2002;32:296–300.

Comparisons of percent equol producers between prostate cancer patients and controls: case-controlled studies of isoflavones in Japanese, Korean and American residents by H. Akaza, N. Miyanaga, N. Takashima, S. Naito, Y. Hirao, T. Tsukamoto, T. Fujioka, M. Mori, W. J. Kim, J. M. Song and A. J. Pantuck (2004) Japanese Journal of Clinical Oncology Volume 34, pages 86-39.

Equol is a novel anti-androgen that inhibits prostate growth and hormone feedback by T. D. Lund, D. J. Munson, M. E. Haldy, K. D. Setchell, E. D. Lephart and R. J. Handa (2004) Biology of Reproduction Volume 70 pages 1188-1195.

Method of defining equol -producer status and its frequency among vegetarians. J Nutr. 2006 Aug;136(8):2188-93. Sanitarium Development and Innovation, Cooranbong, NSW 2265, Australia.

S-Equol, a potent ligand for estrogen receptor ß, is the exclusive enantiomeric form of the soy isoflavone metabolite produced by human intestinal bacterial flora. American Journal of Clinical Nutrition, Vol. 81, No. 5, 1072-1079, May 2005.

Enantioselective Synthesis of S-Equol from Dihydrodaidzein by a Newly Isolated Anaerobic Human Intestinal Bacterium by Xiu-Ling Wang, Hor-Gil Hur, Je Hyeon Lee, Ki Tae Kim and Su-Il Kim in "Applied and Environmental Microbiology" (2005) Volume 71 pages 214-219.

Comparisons of percent equol producers between prostate cancer patients and controls: case-controlled studies of isoflavones in Japanese, Korean and American residents by H. Akaza, N. Miyanaga, N. Takashima, S. Naito, Y. Hirao, T. Tsukamoto, T. Fujioka, M. Mori, W. J. Kim, J. M. Song and A. J. Pantuck (2004) *Japanese Journal of Clinical Oncology* Volume 34, pages 86-39.

Trent D. Lund, Daniel J. Munson, Megan E. Haldy, Kenneth D.R. Setchell, Edwin D. Lephart, and Robert J. Handa.

BIOLOGY OF REPRODUCTION 70, 1188–1195 (2004) DOI: 10.1095/biolreprod.103.023713.

Capítulo 18

Shiraishi T, et al. The frequency of latent prostatic carcinoma in young males: the Japanese experience. In Vivo 1994 May-Jun;8(3): 445-7.

Sapi Z, et al. The increasing incidence of prostate cancer in Hungary. In Vivo 1994 May-Jun;8(3):433-5.

George NJ. Incidence of prostate cancer will double by the year 2030: the argument against. Eur Urol 1996;29 Suppl 2:10-2.

Weber BA, et al. Exploring the Efficacy of Support Groups for Men with Prostate Cancer. Geriatr Nurs 2000 Oct;21(5):250-253.

Billis A. Latent carcinoma and atypical lesions of prostate. An autopsy study. Urology 1986 Oct;28(4):324-9.

Takahashi S, et al. Latent prostatic carcinomas found at autopsy in men over 90 years old. Jpn J Clin Oncol 1992 Apr;22(2):117-21.

Holund B. Latent prostatic cancer in a consecutive autopsy series. Scand J Urol Nephrol 1980;14(1):29-35.

Helzlsouer KJ, et al. Association Between alpha-Tocopherol, gamma-Tocopherol, Selenium, and Subsequent Prostate Cancer. J Natl Cancer Inst 2000 Dec 20;92(24):2018-2023.

Vitamin E may protect against prostate cancer, December 19, 2000, Reuters Health.

Under-used form of vitamin E may be the most protective against prostate cancer, Johns Hopkins School of Public Health, December 19, 2000.

Bayne CW, et al. Serenoa repens (Permixon): a 5alpha-reductase types I and II inhibitor-new evidence in a coculture model of BPH. Prostate 1999 Sep 1;40(4):232-41.

Smigel K. Vitamin E reduces prostate cancer rates in Finnish trial: U.S. considers follow-up. J Natl Cancer Inst 1998 Mar 18;90(6):416-7.

Oasis: The study found that vitamin E doesn't reduce latent (inactive) prostate cancers. What does that mean? American Journal of Clinical Nutrition 2000 Jun;71(6 Suppl):1691S-5S.

Capítulo 19

Jang M, Cai L, Udeani GO, et al. Cancer chemopreventive activity of resveratrol, a natural product derived from grapes. Science. 1997 Jan 10;275(5297):218-20.

Stewart JR, Artime MC, O'Brian CA. Resveratrol: a candidate nutritional substance for prostate cancer prevention. J Nutr. 2003 Jul;133(7 Suppl):2440S-2443S.

Dhanalakshmi S, Agarwal R, Agarwal C. Inhibition of NF-kappaB pathway in grape-seed extract-induced apoptotic death of human prostate carcinoma DU145 cells. Int J Oncol. 2003 Sep;23(3):721-7.

Kampa M, Hatzoglou A, Notas G, et al. Wine antioxidant polyphenols inhibit the proliferation of human prostate cancer cell lines. Nutr Cancer. 2000; 37(2):223-33.

Mitchell SH, Zhu W, Young CY. Resveratrol inhibits the expression and function of the androgen receptor in LNCaP prostate cancer cells. Cancer Res. 1999 Dec 1;59(23):5892-5.

Hsieh TC, Wu JM. Grape-derived chemo preventive agent resveratrol decreases prostate-specific antigen (PSA) expression in LNCaP cells by an androgen receptor (AR)-independent mechanism. Anticancer Res. 2000 Jan-Feb;20(1A):225-8.

Udeani GO, Gerhauser C, Thomas CF, et al. Cancer chemopreventive activity mediated by deguelin, a naturally occurring rotenoid. Cancer Res. 1997 Aug 15;57(16):3424-8.

Jang M, Cai L, Udeani GO, et al. Cancer chemopreventive activity of resveratrol, a natural product derived from grapes. Science. 1997 Jan 10;275(5297):218-20.

Capítulo 20

"Association Between Alpha-Tocopherol, Gamma-Tocopherol, Selenium, and Subsequent Prostate Cancer," Helzlsouer KJ, Huang H-Y, Alberg AJ, et al, J Natl Cancer Inst, 2000 December 20, 92(24):2018.

Brinkman, M.; Reulen, R.; Kellen, E.; et al. Are men with low selenium levels at increased risk of prostate cancer? European J of Cancer, Oct. 2006, Vol. 42, Issue 15, p. 2463-2471.

Kellen, E.; Zeegers, M.; Buntinx. Selenium is inversely associated with bladder cancer risk: A report from the Belgian case-control study on bladder cancer. Int J of Urology. Sept. 2006, Vol. 13, p. 1180.

Fleet JC. Dietary selenium repletion may reduce cancer incidence in people at high risk who live in areas with low soil selenium. Nutr Rev. 1997 Jul;55(7):277-9.

Duffield-Lillico AJ, Dalkin BL, Reid ME, et al. Selenium supplementation, baseline plasma selenium status and incidence of prostate cancer: an analysis of the complete treatment period of the Nutritional Prevention of Cancer Trial. BJU Int. 2003 May;91(7):608-12.

Vogt TM, Ziegler RG, Graubard BI, et al. Serum selenium and risk of prostate cancer in U.S. blacks and whites. Int J Cancer. 2003 Feb 20;103(5):664-70.

Meyer F, Galan P, Douville P, et al. Antioxidant vitamin and mineral supplementation and prostate cancer prevention in the SU.VI.MAX trial. Int J Cancer. 2005 Aug 20;116(2):182-6.

Kim J, Sun P, Lam YW, et al. Changes in serum proteomic patterns by presurgical alpha-tocopherol and L-selenomethionine supplementation in prostate cancer. Cancer Epidemiol Biomarkers Prev. 2005 Jul;14(7):1697-02.

Sabichi AL, Lee JJ, Taylor RJ, et al. Selenium accumulation in prostate tissue during a randomized, controlled short-term trial of l-selenomethionine: a Southwest Oncology Group Study. Clin Cancer Res. 2006 Apr 1;12(7 Pt 1):2178-84.

Finley JW. Reduction of cancer risk by consumption of selenium-enriched plants: enrichment of broccoli with selenium increases the anticarcinogenic properties of broccoli. J Med Food. 2003;6(1):19-26.

Capítulo 22

Hsing AW, Chokkalingam AP, Gao YT, Madigan MP, Deng J, Gridley G, Fraumeni JF Jr. Allium vegetables and risk of prostate cancer: a population-based study. J Natl Cancer Inst. 2002 Nov 6;94(21): 1648-51.

Onion and garlic use and human cancer, Galeone C, Pelucchi C, et al, Am J Clin Nutr., 2006; 84(5): 1027-32. (Address: Istituto di Ricerche Farmacologiche "Mario Negri," Milan, Italy, Italy.

Song K, Milner JA. The influence of heating on the anticancer properties of garlic.). J Nutr. 2001; 131:1054S-57S.

Milner, J.A. (2001) "Mechanisms by which garlic and allyl sulfur compounds suppress carcinogen bioactivation. Garlic and carcinogenesis." *Adv. Exp. Med. Biol* 492: 69-81.

Milner, J.A. (2001) "A historical perspective on garlic and cancer." *J. Nutrition* 131: 1027S-1031S.

Capítulo 23

Shukla S, Mishra A, Fu P, Maclennan GT, Resnick MI, Gupta S. Upregulation of insulin-like growth factor binding protein - 3 by apigenin leads to growth inhibition and apoptosis of 22 Rv1 xenograph in athymic nude mice.. FASEB J. 2005 Dec;19(14):2042-44.

Oncogene. 2002 May 23;21(23):372738. Involvement of nuclear factorkappa B, Bax and Bcl2 in induction of cell cycle arrest and apoptosis by apigenin in human prostate carcinoma cells. Gupta S, Afaq F, Mukhtar H. Department of Dermatology, Case Western Reserve University & The Research Institute of University Hospitals of Cleveland, 11100 Euclid Avenue, Cleveland, Ohio 44106, USA.

Biochem Biophys Res Commun. 2001 Oct 5;287(4):91420. Selective growthinhibitory, cellcycle deregulatory and apoptotic response of apigenin in normal versus human prostate carcinoma cells. Gupta S, Afaq F, Mukhtar H. Department of Dermatology, Case Western Reserve University, Research Institute of University Hospitals of Cleveland, 11100 Euclid Avenue, Cleveland, OH 44106, USA.

S. Shukla and S. Gupta. Molecular targets for apigenin-induced cell cycle arrest and apoptosis in prostate cancer cell xenograft. Mol. Cancer Ther., April 1, 2006; 5(4): 843 - 852.

Capítulo 24

Mason R, Beta-sitosterol -the Natural Prostate Miracle; Young Again Products, DTM, Inc., NY It has been proposed that the plant extracts (including beta-sitosterol) exert their effects as 5 alpha-reductase inhibitors, similar to the prescription drug Finasteride. 5 alpha-reductase is the primary pathway in the conversion of testosterone to dihydrotestosterone (DHT)testosterone's active form.

Klippel K. F., et al., A multicentric, placebo-controlled, double-blind clinical trial of beta-sitosterol (phytosterol) for the treatment of benign prostatic hyperplasia. German BPH-Phyto study group. Br J Urol 1997 Sep; 80(3): 427-32.

von Holtz RL, et. al., beta-Sitosterol activates the sphingomyelin cycle and induces apoptosis in LNCaP human prostate cancer cells. Nutr Cancer 1998;32(1):8-12.

Berges RR, Windeler J, Trampisch HJ, et al. Randomised, placebo-controlled, double-blind clinical trial of beta-sitosterol in patients with benign prostatic hyperplasia. Lancet 1995;345:1529–32.

Capítulo 25

Zhang Z-F, Winton MI, Rainey C, et al. Boron is associated with decreased risk of human prostate cancer. FASEB J. 2001;15:A1089.& Experimental Biology 2001; March 31-April 4, 2001; Orlando, Flo.

Gallardo-Williams MT, Chapin RE, King PE, et al. Boron supplementation inhibits the growth and local expression of IGF-1 in human prostate adenocarcinoma(LNCaP) tumors in nude mice. Toxicol Pathol. 2004 Jan-Feb;32(1):73-8.

Capítulo 26

Norrish AE, Ferguson LR, Knize MG, et al. Heterocyclic amine content of cooked meat and risk of prostate cancer. *J Natl Cancer Inst* 1999;91:2038-2044.

Dashwood RH, et al. 1999. Cancer chemopreventive mechanisms of tea against heterocyclic amine mutagens from cooked meat. Proc Soc Biol Med 220:239-43.

Hammons GJ, et al. 1997. Metabolism of carcinogenic heterocyclic and aromatic amines by recombinant human cytochrome P450 enzymes. Carcinogenesis 18:851-4.

Salmon CP, et al. 1997. Effects of marinating on heterocyclic amine carcinogen formation in grilled chicken. Food Chem Toxicol 35:433-41.

Schut HA, et al. 1997. DNA adducts of heterocyclic amines: formation, removal and inhibition by dietary components. Mutat Res 376:185-94.

Sinha R, et al. 1998. Heterocyclic amine content of pork products cooked by different methods and to varying degrees of doneness. Food Chem Toxicol 36:289-97.

Chan JM. Diet after diagnosis and the risk of prostate cancer progression. Presented atthe Prostate Cancer Foundation 11th Annual Scientific Retreat; October 21-24,2004; Lake Tahoe, Nevada. Abstract 6.

Bogen KT, Keating GA. U.S. dietary exposures to heterocyclic amines. J Expo Anal Environ Epidemiol. 2001;11:155-168.

Keating GA, Sinha R, Layton D, et al. Comparison of heterocyclic amine levels in homecooked meats with exposure indicators (United States). Cancer Causes Control. 2000;11: 731-739.

Salmon CP, Knize MG, Panteleakos FN, Wu RW, Nelson DO, Felton JS. Minimization of heterocyclic amines and thermal inactivation of Escherichia coli in fried ground beef. J Natl Cancer Inst. 2000;92:1773-1778.

Schuurman AG, et al. 1999. Animal products, calcium and protein and prostate cancer risk in the Netherlands Cohort Study. Br J Cancer 80:1107-13.

Cross AJ, Peters U, Kirsh VA, et al. A prospective study of meat and meat mutagens and prostate cancer risk. Cancer Res. 2005 Dec15;65(24):11779-84.

Fonte: Terry Mitchel

Capítulo 27

Sarkar FH, Li Y. Indole-3-carbinol and prostate cancer. J Nutr. 2004 Dec;134(12 Suppl):3493S-8S.

Garikapaty VP, Ashok BT, Chen YG, et al. Anti-carcinogenic and anti-metastatic properties of indole-3-carbinol in prostate cancer. Oncol Rep. 2005 Jan;13(1):89-93.

Nachshon-Kedmi M, Yannai S, Haj A, Fares FA. Indole-3-carbinol and 3,3'-diindoylemethane induce apoptosis in human prostate cancer cells. Food Chem Toxicol. 2003 Jun;41(6):745-52.

Kristal AR, Lampe JW. Brassica vegetables and prostate cancer risk: a review of the epidemiological evidence. Nutr Cancer. 2002;42(1):1-9.

Cancer. 2003 Dec 1;98(11):2511-20.
Indole-3-carbinol induces a G1 cell cycle arrest and inhibits prostate-specific antigen production in human LNCaP prostate carcinoma cells.

Zhang J, Hsu B A JC, Kinseth B A MA, Bjeldanes LF, Firestone GL. Department of Molecular and Cell Biology, University of California at Berkeley, Berkeley, California 94720-3200, USA.

Indole-3-carbinol and 3,3'-diindolylmethane induce apoptosis in human prostate cancer cells. Food Chem Toxicol. 2003 Nachshon Kedmi M, Yannai S, Haj A, Fares FA. Faculty of Food Engineering and Biotechnology, Technion- Israel Institute of Technology, 32000, Haifa, Israel.

ANZ J Surg. 2003 Mar;73(3):154-6.
The effect of indole-3-carbinol and sulforaphane on a prostate cancer cell line.
Frydoonfar HR, McGrath DR, Spigelman AD.
Discipline of Surgical Science, Faculty of Health, The University of Newcastle, New South Wales, Australia.

Oncogene. 2001 May 24;20(23):2927-36. Indole-3-carbinol (I3C) induced cell growth inhibition, G1 cell cycle arrest and apoptosis in prostate cancer cells.
Chinni SR, Li Y, Upadhyay S, Koppolu PK, Sarkar FH
Department of Pathology, Karmanos Cancer Institute, Wayne State University School of Medicine, Detroit, Michigan, MI, USA. Nutr Cancer. 2002;42(1):1-9.

Chiao JW, Chung FL, Kancherla R, Ahmed T, Mittelman A, Conaway CC. Sulforaphane and its metabolite mediate growth arrest and apoptosis in human prostate cancer cells. Int J Oncol 2002;20:631-6.

Giovannucci E, Rimm EB, Liu Y, Stampfer MJ, Willett WC. A prospective study of cruciferous vegetables and prostate cancer. Cancer Epidemiol Biomarkers Prev. 2003; 12:1403-1409.

Chinni SR, Li Y, Upadhyay S, Koppolu PK, Sarkar FH. Indole-3-carbinol (I3C) induced cell growth inhibition, G1 cell cycle arrest and apoptosis in prostate cancer cells. Oncogene. 2001 May 24;20(23):2927-36.
"Nutrition and Prostate Cancer," Yip I, et al, Urologic Clinics of North America, May, 1999;26(2):403-411

Capitulo 28

Asian J Androl. 2007 Dec 20
Protective effects of lupeol and mango extract against androgen induced oxidative stress in Swiss albino mice Prasad S, Kalra N, Singh M, Shukla Y. Environmental Carcinogenesis Division, Industrial Toxicology Research Centre, PO Box 80, M.G.Marg, Lucknow 226001, India.

"A novel dietary triterpene Lupeol induces fas-mediated apoptotic death of androgen-sensitive prostate cancer cells and inhibits tumor growth in a xenograft model," Saleem M, Kweon MH, et al, Cancer Res., 2005; 65(23): 11203-13. (Address: Department of Dermatology, University of Wisconsin, Madison, Wisconsin 53706, USA).

Prevention Research 8: Phytochemicals/Chemoprevention 2 Lupeol, a dietary triterpene, inhibits Wnt/ß-catenin/TCF signaling pathway with concomitant G2/M cell cycle arrest in human prostate cancer cells Mohammad Saleem, Naghma Khan, Bilal B. Hafeez, Mee-Hyang Kweon and Hasan Mukhtar University of Wisconsin, Madison, WIProc Amer Assoc Cancer Res, Volume 46, 2005]

Prevention Research 9: Prevention of Breast, Prostate, and Skin Cancer Lupeol induces FAS-mediated apoptotic death of androgen-dependent LNCaP prostate cancer cells and inhibits tumor growth in athymic nude mouse model Cancer Research 65 (23) December 1- 2005.
Jung Mi Yun, Mohammad Saleem, Mee Hyang Kweon, Deeba Syed and Hasan Mukhtar University of Wisconsin-Madison, Madison, WI

Mohammad Saleem, Farrukh Afaq, Vaqar Mustafa Adhami and Hasan Mukhtar. "Lupeol modulates NF k B and PI3K /Akt pathways and inhibits skin cancer in CD-1 mice". Oncogene, 23(30), 5203-5214, 2004.

Capítulo 29

Fonte: Dale Kiefer

1. Davis-Searles PR, Nakanishi Y, Kim NC, et al. Milk thistle and prostate cancer: differential effects of pure flavonolignans from Silybum marianum on antiproliferative end points in human prostate carcinoma cells. Cancer Res. 2005 May 15;65(10):4448-57.

2. Gallardo-Williams MT, Maronpot RR, Wine RN, Brunssen SH, Chapin RE. Inhibition of the enzymatic activity of prostate-specific antigen by boric acid and 3-nitrophenyl boronic acid. Prostate. 2003 Jan 1;54(1):44-9.

3. Cohen P, Graves HC, Peehl DM, et al. Prostate-specific antigen (PSA) is an insulin-like growth factor binding protein-3 protease found in seminal plasma. J Clin Endocrinol Metab. 1992 Oct;75(4):1046-53.

4. Cohen P, Peehl DM, Graves HC, Rosenfeld RG. Biological effects of prostate specific antigen as an insulin-like growth factor binding protein-3 protease. J Endocrinol. 1994 Sep;142(3):407-15.

5. Wang P, Cong R, Wang J, Zhang L. Determination of the active flavonoids in silymarine. Se Pu. 1998 Nov;16(6):510-2.

6. Zi X, Agarwal R. Silibinin decreases prostate-specific antigen with cell growth inhibition via G1 arrest, leading to differentiation of prostate carcinoma cells: implications for prostate cancer intervention. Proc Natl Acad Sci USA. 1999 Jun 22;96(13):7490-5.

7. Katiyar SK, Korman NJ, Mukhtar H, Agarwal R. Protective effects of silymarin against photocarcinogenesis in a mouse skin model. J Natl Cancer Inst. 1997 Apr 16;89(8):556-66.

8. Singh RP, Agarwal R. Prostate cancer prevention by silibinin. Curr Cancer Drug Targets. 2004 Feb;4(1):1-11.

9. Lee DY, Liu Y. Molecular structure and stereochemistry of silybin A, silybin B, isosilybin A, and isosilybin B, Isolated from Silybum marianum (milk thistle). J Nat Prod. 2003 Sep;66(9):1171-4.

10. Singh RP, Agarwal R. A cancer chemopreventive agent silibinin, targets mitogenic and survival signaling in prostate cancer. Mutat Res. 2004 Nov 2;555(1-2):21-32.

11. Singh RP, Sharma G, Dhanalakshmi S, Agarwal C, Agarwal R. Suppression of advanced human prostate tumor growth in athymic mice by silibinin feeding is associated with reduced cell proliferation, increased apopotosis, and inhibition of angiogenesis. Cancer Epidemiol Biomarkers Prev. 2003 Sept;12(9):933-9.

Capítulo 30

Bravi F, Scotti L, Bosetti C, et al. Self-Reported History of Hypercholesterolaemia and Gallstones and the Risk of Prostate Cancer. Annals of Oncology. 2006; 17: 1014-1017.

High intake diet fat could be a higher risk for PC (ArmstrongB, Doll R Int J. Câncer 15:617-31, 1975; Kolonel LN et al Brit. J. Câncer 44:332-9, 1981).

William J. Catalona, M.D., diretor do Programa de Câncer de Próstata Clínico, Robert H. Lurie de Universidade Noroeste, Centro de Câncer Inclusivo, Chicago,; Mark Moyad, M.P.H., diretor, Medicina

Complementar e Alternativa, Universidade de Michigan Centro Médico, Ann Arbor, Elizabeth Platz, Sc.D, M.P.H., professor associado, Departamento de Epidemiologia, Johns Hopkins Bloomberg School de Saúde Pública, Baltimore

Capítulo 32

Chiao JW, Wu H, Ramaswamy G, et al. Ingestion of an isothiocyanate metabolite from cruciferous vegetables inhibits growth of human prostate cancer cell xenografts by apoptosis and cell cycle arrest. Carcinogenesis. 2004 Aug;25(8):1403-8.

Hecht SS. Chemoprevention by isothiocyanates. J Cell Biochem Suppl. 1995;22:195-209.

Zhang Y, Tang L, Gonzalez V. Selected isothiocyanates rapidly induce growth inhibition of cancer cells. Mol Cancer Ther. 2003 Oct;2(10):1045-52.

Danilenko M, Studzinski GP. Enhancement by other compounds of the anti-cancer activity of vitamin D(3) and its analogs. Exp Cell Res. 2004 Aug 15;298(2):339-58.

Steiner M, Priel I, Giat J, et al. Carnosic acid inhibits proliferation and augments differentiation of human leukemic cells induced by 1,25-dihydroxyvitamin D3 and retinoic acid. Nutr Cancer. 2001;41(1-2):135-44.

Sheng Y, Li L, Holmgren K, Pero RW. DNA repair enhancement of aqueous extracts of Uncaria tomentosa in a human volunteer study. Phytomedicine. 2001 Jul;8(4):275-82.

Steinkellner H, Rabot S, Freywald C, et al. Effects of cruciferous vegetables and their constituents on drug metabolizing enzymes involved in the bioactivation of DNA-reactive dietary carcinogens. Mutat Res. 2001 Sep 1;480-481:285-97.

Fonte: Dale Kiefer

Capítulo 33

"Combined Lycopene and Vitamin E Treatment Suppresses the rowth of PC-346C Human Prostate Cancer Cells in Nude Mice," Limpens J, Schroder FH, et al, J Nutr., 2006; 136(5): 1287-93. (Address: BASF Aktiengesellschaft, Ludwigshafen, Germany). Fleshner N, WR Justo, Huryk R, et al J Urol. 1999 may; 161(5):1651-4.

Association between alpha-tocopherol, gamma-tocopherol, selenium, and subsequent prostate cancer. J Natl Câncer Inst. 2005 Mar 2;97(5):396-9 Helzlsouer KJ, Huang HY et al.

Vitamin E, alpha- and gamma-tocopherol, and prostate cancer. Moyad MA, Brumfield SK, Pienta KJ. Section of Urology, University of Michigan, Ann Arbor 48109-0330, USA. Semin Urol. Oncol 1999 May;17(2):85-90.

Association between alpha-tocopherol, gamma-tocopherol, selenium, and subsequent prostate cancer. Helzlsouer KJ, Huang HY, Alberg AJ, Hoffman S, Burke A, Norkus EP, Morris JS, Comstock GW. Department of Epidemiology, The Johns Hopkins School of Hygiene and Public Health, B J Natl Cancer Inst 2000 Dec 20;92(24):2018-23. Baltimore, MD 21205, USA.

Hartman TJ, Albanes D, Rautalahti M, Tangrea JA, Virtamo J, Stolzenberg R, Taylor PR. Physical activity and prostate cancer in the Alpha-Tocopherol, Beta-Carotene (ATBC) Cancer Prevention Study (Finland). Cancer Causes Control. 1998;9 (1):11–18.

Hattori A, Fukushima T, Yoshimura H, Abe K, Imai K. Production of LLU-alpha following an oral administration of gamma-tocotrienol or gamma-tocopherol to rats. Biol Pharm Bull. 2000;23 (11):1395-1397.

Rodriguez C, Jacobs EJ, Mondul AM, Calle EE, McCullough ML, Thun MJ. Vitamin E supplements and risk of prostate cancer in U.S. men. Cancer Epidemiol Biomarkers Prev. 2004; 13:378-382.

Fleshner N, Fair WR, Huryk R, *et al* J Urol. 1999 May; 161(5):1651-4.

Ingesta suplementar de vitamina E e o risco de câncer de próstata em uma corte grande de homens nos Estados Unidos. Chan JM, Stampfer MJ, Ma J, *et al.* Câncer Epidemiol Biomarkers Prev. 1999 oct; 8(10):893-9.

Capítulo 34

Lalithakumari K, Krishnaraju AV, Sengupta K, Subbaraju GV. Safety and toxicological evaluation of a novel, standardized 3-o-acetyl-11-keto-beta-boswellic acid (AKBA)-enriched boswellia serrata extract (5-Loxin). Toxicology Mechanisms and Methods. 2006:16;199-226.

Hostanska K, Daum G, Saller R. Cytostatic and apoptosis-inducing activity of boswellic acids toward malignant cell lines in vitro. Anticancer Res. 2002 Sep;22(5):2853-62.

Gupta S, Srivastava M, Ahmad N, et al. Lipoxygenase-5 is overexpressed in prostate adenocarcinoma. Cancer. 2001 Feb 15;91(4):737-43.

Matsuyama M, Yoshimura R, Mitsuhashi M, et al. Expression of lipoxygenase in human prostate cancer and growth reduction by its inhibitors. Int J Oncol. 2004 Apr;24(4):821-7.

Ammon HP, Safayhi H, Mack T, Sabieraj J. Mechanism of antiinflammatory actions of curcumine and boswellic acids. J Ethnopharmacol. 1993 Mar;38(2-3):113-9.

Matsuyama M, Yoshimura R, Mitsuhashi M, et al. Expression of lipoxygenase in human prostate cancer and growth reduction by its inhibitors. Int J Oncol. 2004 Apr;24(4):821-7.

Kelavkar UP, Glasgow W, Olson SJ, Foster BA, Shappell SB. Overexpression of 12/15-lipoxygenase, an ortholog of human 15-lipoxygenase-1, in the prostate tumors of TRAMP mice. Neoplasia. 2004 Nov;6(6):821-30.

Gupta S, Srivastava M, Ahmad N, et al. Lipoxygenase-5 is overexpressed in prostate adenocarcinoma. Cancer. 2001 Feb 15;91(4):737-43.

Kelavkar UP, Nixon JB, Cohen C, et al. Overexpression of 15-lipoxygenase-1 in PC-3 human prostate cancer cells increases tumorigenesis. Carcinogenesis. 2001 Nov;22(11):1765-73.

Ghosh J, Myers CE. Arachidonic acid stimulates prostate cancer cell growth: critical role of 5-lipoxygenase. Biochem Biophys Res Commun. 1997 Jun 18;235(2):418-23.

Gao X, Grignon DJ, Chbihi T, et al. Elevated 12-lipoxygenase mRNA expression correlates with advanced stage and poor differentiation of human prostate cancer. Urology. 1995 Aug;46(2):227-37.

Myers CE, Ghosh J. Lipoxygenase inhibition in prostate cancer. Eur Urol. 1999;35(5-6):395-8.

Ghosh J. Inhibition of arachidonate 5-lipoxygenase triggers prostate cancer cell death through rapid activation of c-Jun N-terminal kinase. Biochem Biophys Res Commun. 2003 Jul 25;307(2):342-9.

Ghosh J, Myers CE. Inhibition of arachidonate 5-lipoxygenase triggers massive apoptosis in human prostate cancer cells. Proc Natl Acad Sci USA. 1998 Oct 27;95(22):13182-7.

Capítulo 35

Bao BY, Yeh SD, Lee YF. 1alpha,25-dihydroxyvitamin D3 inhibits prostate cancer cell invasion via modulation of selective proteases. Carcinogenesis. 2006 Jan;27(1):32-42.

Cálcio e consumo de frutose em relação ao risco de câncer de próstata. Giovannucci E, Rimm EB, Wolk UM, et. al Câncer Res. 1998 1 de fevereiro; 58(3):442-7.

Capítulo 37

Aprikian A, Bazinet M, Plante M e col. Family history and the risk of prostatic carcinoma in a high risk group of urological patients. J Urol, 154:404, 1995.

Berthon P, Valeri A, Cohen-Akenine A e col. Predisposing gene for early-onset prostate cancer, located on chromosome 1q42.2-43. Am J Hum Genet 62:1416, 1998.

Bratt O, Hereditary prostate cancer: Clinical aspects. J Urol 168: 906, 2002.

Carter BS, Beaty TH, Steinberg GD e col. Mendelian inheritance of familial prostate cancer. Proc Natl Acad Sci 89:3367, 1992.

Hanash KA, Al-Othaimeen A, Kattan S e col. Prostatic carcinoma: a nutritional disease? Conflicting data from the Kingdom of Saudi Arabia. J Urol 164:1570, 2000.

Heber D and Lu QY. Overview of mechanisms of action of lycopene. Exp Biol Med (Maywood) 227:920, 2002.

Helzlsouer KJ, Juang HY, Alberg AJ e col. Association between alpha-tocopherol, gamma-tocopherol, selenium, and subsequent prostate cancer. J Natl Cancer Inst. 92:2018, 2000.

Iughetti P, Suzuki O, Godoi PHC e col. A polymorphism in endostatin, an angiogenesis inhibitor, predispose for the development of prostatic adenocarcinoma. Cancer Res 61:7375, 2001.

Lichtenstein P, De Faire U, Floderus B e col. The Swedish Twin Registry: a unique resource for clinical, epidemiological and genetic studies. J Intern Med 252:184-205, 2002.

Morganti G, Gianferrari L, Cresseri A e col. Recherches clinico-statistiques et genetiques sur les neoplasies de la prostate. Acta Genet 6:304, 1956.

Nelson WG, De Marzo AM, DeWeese TL. The molecular pathogenesis of prostate cancer: implications for prostate cancer prevention. Urology 57(Suppl4A):39, 2001.

Smith JR, Freije D, Carpten JD e col. Major susceptibility locus for prostate cancer on chromosome 1 suggested by a genome-wide sesrch. Science 274:1371, 1996.

Stanford JL, Just JJ, Gibbs M e col. Polymorphic repeats in the androgen receptor gene: molecular markers of prostate cancer risk. Cancer Res 57:1194, 1997.

Ruijter E, Kaa CVD, Miller G. Molecular genetics and epidemilogy of prostate carcinoma. Endocrine Reviews 20:22, 1999.

Tymchuk CN, Barnard RJ, Ngo TH e Aronson WJ. Role of testosterone, estradiol, and insulin in diet- and exercise-induced reductions in serum-stimulated prostate cancer cell growth in vitro Nutr Cancer 42:112, 2002.